【歴博フォーラム 民俗展示の新構築】

民俗表象の現在

博物館型研究統合の視座から

国立歴史民俗博物館＋重信幸彦・小池淳一◉編

岩田書院

目　次

第92回　歴博フォーラム

「民俗表象の現在―博物館型研究統合の視座から―」

日程　2013年10月26日(土)

時間　13時30分～16時30分

場所　国立歴史民俗博物館講堂

プログラム

副館長挨拶　藤尾慎一郎

趣旨説明　小池　淳一

報告1　内田　順子

「〈現在〉を展示することの意義と課題―『アイヌ民族の伝統と現在』から―」

報告2　川村　清志

「商品化する民俗文化―『現代の観光とおみやげ』から―」

コメント1　柴崎　茂光

報告3　山田　慎也

「現代社会と儀礼の生成―『行事食の変化』から―」

報告4　青木　隆浩

「衛生観と身体観の変遷―『現代の家族像』から―」

コメント2　神野　由紀

総合討論　司会 重信幸彦

閉会挨拶　小池　淳一

はじめに―国立歴史民俗博物館民俗展示の構想と射程―

小池淳一

はじめに

本書は第九二回歴博フォーラム「民俗表象の現在―博物館型研究統合の視座から―」(二〇一三(平成二五)年一〇月二六日・国立歴史民俗博物館(以下、「歴博」と略称)講堂)の記録である。歴博第四展示室(民俗)は二〇一三(平成二五)年三月に全面的なリニューアルをおこない、オープンした。その民俗展示の内容と学術的な背景を、報告とコメントとで提示しようとしたのが第九〇回の歴博フォーラム「現代社会と民俗文化」と、この第九二回の「民俗表象の現在―博物館型研究統合の視座から―」である。「現代社会と民俗文化」は歴博の民俗展示のなかでも「おそれと祈り」「くらしと技」というコーナーにおける展示内容から構成し、この「民俗表象の現在」では、民俗展示の最初のコーナーである「『民俗』へのまなざし」の展示内容を取り上げることで構成している。

ここでは、この二回のフォーラムの母胎となっている民俗展示の基本構想と、それが構想されるにあたって意識されたいくつかの問題についてふれてみたい。館名に歴史と並んで民俗を冠するこの博物館における民俗展示は、宿命的に歴史展示との対峙を意識せざるを得ない。さらに博物館型研究統合の具体的な実践として、展示をどのように構築してきたか、その根底にある理念を改めて確認しておきたい。

国立歴史民俗博物館における展示の新構築

国立歴史民俗博物館は、日本の歴史と文化を総合的に研究し、その成果を公開する機関として一九八一(昭和五六)年に設置された。一般の博物館における常設展示に相当する総合展示として屋内に六つの展示室を設け、さらに屋外展示施設である「くらしの植物苑」を併設している。

設立から四半世紀近くを経た二〇〇四(平成一六)年に、国立歴史民俗博物館の存在意義と方向性とを改めて検討し直し、総合展示のリニューアルに向けての基本計画が新たにまとめられた。そこで設定されたのが、生活史、環境史、国際交流という三つの基調テーマであり、加えて展示を支える視点として多様性と現代性という二つが提出された。

これらの基本方針に基づき、近世を対象とする第三展示室が二〇〇八(平成二〇)年三月にリニューアルオープンした。さらに二〇一〇(平成二二)年三月には一九三〇年代から始まる戦争の時代と戦後の高度経済成長期までを対象とした第六展示室が新たにオープンしている。民俗展示に関しては、それ以前の展示、いわゆる坪井マンダラと俗称されていた「日本人の民俗世界」を二〇一〇年一一月に閉室、解体し、二〇一三(平成二五)年三月のオープンをめざして準備を進めてきた。

総合展示全体のなかでの民俗展示の位置づけ

総合展示の六つの展示室のうち、第四展示室が民俗の展示室となっている。他の五つの展示室はそれぞれ古代、中世、近世、近代、現代といったように時系列的に沿った時代ごとの展示であるのに対して、独立して民俗展示が存在しているのである。そしてこのことが国立歴史民俗博物館の特徴となっている。他の展示室が各時代の特質をとらえようとするのに対して、民俗展示が対象とするのは、身の回りの生活に基礎をおく民俗文化であり、自分たちの足元から視野を広げ歴史と文化を理解しようとするのが民俗展示ということができよう。

民俗文化は日本列島の多様な自然環境との関わり合いのなかで形づくられてきたといえる。その日本列島は大小の島々が連なり、海岸部から平野・山間部など複雑な地形で構成されている。それにともなって気候や風土もそれぞれの地域で大きく異なっている。このような各地域において形成され、伝えられてきたのが民俗文化である。さらに、それぞれの地域は孤立していたわけではなく、列島内の各地域および中国大陸や朝鮮半島、東南アジアなどの東アジア世界とも交流を積み重ねてきている。加えて民俗文化は現代における観光化や、世界遺産・無形文化遺産への登録といった国際的、あるいはグローバルな政治・経済・文化活動の影響により急速に変化しつつある。民俗文化には、このような各時代や列島内外の様々な交流・変化の軌跡が表出しているといえるだろう。

また、このような民俗文化は、様々な時代の生活のなかから生み出され、くり返されてきたという性格を持つため、各展示室で扱っているそれぞれの時代ごとの展示の入り口ともなる要素も持っている。新しい民俗展示では、そこで取り上げる個々のテーマが各時代の展示室で扱っているテーマともつながっていく側面を持つ一方で、各時代の展示室での知識や関心が、民俗展示へと還流していく面も持つことになる。

つまり、総合展示全体における民俗展示の位置づけは、時系列的な歴史像を相対化しつつ、日本の歴史と文化へといざなう独自の役割を担うことであろう。新しい民俗展示はこうした点を意識しながら構想されたのである。

新たな民俗展示の構想

国立歴史民俗博物館の民俗展示は、一九八三（昭和五八）年から公開された古代・中世・近世の展示に続いて一九八五（昭和六〇）年から公開された。その際の全体を貫くテーマは先にも述べたように「日本人の民俗世界」であり、日本の民俗文化は、都市・里・山・海・南島のそれぞれの生活様式と、神や仏・死者のいる他界についての観念が組み合わさって成り立っている多元的なものとする見解に支えられていた。そしてこの民俗展示は民俗学界の内外で一定の評価を得てきたほか、日本各地の博物館・資料館などの民俗展示にも大きな影響を与えてきた。

しかしながら、「日本人の民俗世界」は、二〇年以上前に作られた展示であり、その後の民俗学の研究成果を十分に反映することが難しくなっていた。また、社会の変化とともに生じてきた民俗展示への期待に十分にこたえているといい難い点もあった。そこで今回のリニューアルでは、民俗展示を根底から作り替え、「民俗展示の新構築」として全く新しい展示を構想することとした。

まず、新しい民俗展示の全体のテーマは「列島の民俗文化」とした。従来の民俗展示が「日本人」というまとまりのなかでの多元性に注目していたのに対し、新しい民俗展示は「列島」という視点を取り入れることを通じて、東アジアの広がりのなかに日本列島上の各地域を位置づける国際的な視野を持つとともに、地域ごとの多様性や自律性にも着目することとした。

「列島の民俗文化」は大きく三つに分けて構成することとした。テーマと概要は以下の通りである。

【『民俗』へのまなざし】

現代社会における民俗について考える観点から、産業開発や消費文化の影響を受けつつ変貌の過程にある民俗の現在を展示する。

【おそれと祈り】

安らかで幸せな生活を願って人びとは何をおそれ、何に祈ってきたのかを考える観点から、祭りや妖怪、まじない、人生儀礼、死との向きあいかたなどを取り上げ、人智を超えた見えないものに対するわれわれの営みをとらえ、展示する。

【くらしと技】

人びとが生きていくためにどのような場所で暮らし、どういった道具や技を用いてきたのかを考える観点から、生活や行事の場としての家、商人や職人の活動、農業や漁業をはじめとする生業を取り上げ、厳しくも豊かな自然や変化する社会のなかで生きる人びとの姿を展示する。

新たな民俗展示の特色

二一世紀においては地球規模の人と情報の交流・移動のなかで、国内外で日本文化への関心が高まっている。その関心は、高級・高価な芸術作品や伝統芸能などの上層文化だけでなく、庶民や大衆によって担われてきた民俗文化や生活文化・ポピュラーカルチャーへも向けられている。新しい民俗展示は、それらを意識し、対象化しようとする社会的期待に応えようとする意図も込められている。

日本列島上での人間と自然との関わり、自然の利用と保護の様相、人びとや地域の相互交流、生活のリズムやよそおいといった民俗文化は、これまで国境線の範囲内で完結する同質的なものとして研究・展示されることが主流であった。今回の新しい民俗展示では、そうした国境にとらわれることなく、民俗文化を国際的な文化交流、あるいは国内の多様な文化の存在を重視する視点にも留意しながら展示を試みている。

また、新しい民俗展示では、展示のメッセージや資料を選んだ理由をわかりやすく示すとともに、歴博が開館以来、蓄積してきた映像資料を効果的に用いて、展示資料だけでは十分に表現できない民俗文化の様相を動きと音によっても展示している。また、最新の研究の成果を迅速に反映できるように特集展示のための副室を設け、展示と研究発信とを恒常的につなぐことにも留意した。このような試みを通じて、変化し続ける現代社会に対応しうる展示システムの構築と維持とを計画したのである。

おわりに

以上、歴博の民俗展示新構築の経緯について、その基本方針と総合展示全体のなかでの位置づけ、展示の構想と主要なテーマ、特色等について述べてきた。具体的にはどういった資料が取り上げられているのか、そしてそれらを選択し、提示した理由は何か、といった点について、本書および本書と同時に刊行する『現代社会と民俗文化』に収録した報告によって確認し、さらに寄せられたコメントによって理解を深めていただきたいと考える。

特にここでは全体のタイトルとして「民俗表象の現在」といういささか耳慣れない言葉を用いている。ここに含意しているのは、民俗をどのように展示するのか、という問題意識である。民俗というものは、かたちのあるものだけではなく、かたちのないもの、観念や価値観、人の心、精神的な文化というものまでも含んでいる。そういったものを博物館の展示でどのように示すのか、というのは難しい問題である。ここでは、そのような有形無形にまたがる民俗をどう博物館で表象するか、そういった問題意識を込めて「民俗表象」という言葉をタイトルに選んでみた。

また副題に掲げた「博物館型研究統合」という言葉が示すのは、展示と研究と資料とを三位一体のものとして組み合わせながら、それぞれ深く探求していこうという研究姿勢である。歴博という博物館施設を最大限活用しようとするものといってもよい。それらの民俗研究における具体的な実践の試みが今回の民俗展示の新構築であり、またここにまとめたフォーラムというかたちでの発信作業である。

デパートのおせち売場から始めて、おみやげ、アイヌアートあるいは世界遺産、そして化粧品といった、これが果たして民俗学なのか、というような疑念を持たれるような展示は、どのような学術的な背景と企みによって支えられているのかを考える材料をここでは提供したい。それらは、決して奇をてらったり、新しいものだけを並べて人目をひこうとしたわけではない。ある意味では民俗研究の最先端の部分、さらにいうならば、民俗学の未来像を具体的に示してみたいという意図のもとに提出するものである。

本書は歴博が多年にわたって準備し、実現した民俗展示の新しい姿の報告である。味読していただき、御批正を賜ることを念願している。

「現在」を展示することの意義と課題
―「アイヌ民族の伝統と現在」から―

内田 順子

はじめに

皆さん、こんにちは。私の報告のテーマは、「『現在』を展示することの意義と課題」です。このテーマについて、私が担当しました展示コーナー「アイヌ民族の伝統と現在」をご紹介しながらお話していきたいと思います。

歴博の新しい民俗展示室は、「『民俗』へのまなざし」「おそれと祈り」「くらしと技」の三つのテーマからなっています。これからお話する「アイヌ民族の伝統と現在」という展示コーナーは、一つめの「『民俗』へのまなざし」のなかの「開発と景観」というテーマに置かれています。

「『民俗』へのまなざし」は、「現代社会における民俗」という観点から、日本列島各地域で進行している民俗文化の変容・再構築に関するさまざまな事例をあつかっています。「『民俗』へのまなざし」は、「ひろがる民俗」「開発と景観」「現代の家族像」「民俗学の成立」の四つのテーマからなっています。「アイヌ民族の伝統と現在」の展示が配置されている「開発と景観」では、大規模開発や文化財化、世界遺産化などを契機とする地域文化の変容をあつかっており、「アイヌ民族の伝統と現在」「世界遺産と地域変容」「近代化を支えた産業の現在」「沖縄の自然と観光」という四つのテーマで構成されています。

アイヌ文化に関する展示を、この現代的なテーマをあつかう展示のなかに配置したのは、アイヌ文化の現在の状況が、日本列島や世界の文化の資源化の問題と無関係ではないと考えたからです。また、あとで詳しく述べますが、日本の博物館におけるアイヌ文化についてのこれまでの展示のほとんどが、アイヌの伝統文化を紹介する展示に偏っているという現状があり、そういう点でも、現在のアイヌ文化を紹介する展示が必要だと考えたためです。

一　博物館展示とアイヌイメージ

皆さんは、アイヌの人びと、と聞いて、何が思いうかぶでしょうか。歴博では、旧民俗展示室が閉室する前に来館者調査を実施しました。旧展示室については、既存の展示利用の状況を把握するために、動線調査と面接調査をおこないました。また、新しい展示室については、予定されている展示内容やテーマに関する来館者の知識や興味関心の把握を目的として、アンケート形式の調査を実施しました(1)。アイヌに関する展示は旧民俗展示室にはなく、新しい展示室のテーマでしたので、後者の、すなわち、歴博にいらっしゃるかたがたが、すでにどのような知識をおもちなのかということに関して、自由記述式のアンケートによって調査しました。「アイヌの人びとと聞いてどんなことが思いうかびますか」という質問に対して、以下のような回答がありました。

一位：アイヌ語（九名）
二位：先住民（七名）
三位：狩り（四名）

四位：木彫りの民芸品・独自の文化・毛皮・北海道・衣装（各二名）
ほか、各一名ずつの回答多数あり。

限られた時間と対象者によるアンケートですので、来館者一般の傾向を知るには、さらなる調査が必要であることが前提ではありますが、この結果では、言語や生業などの独自の文化に関連することや、アイヌ民族が先住民であることが上位になっています。[2] 一九九七（平成九）年に「アイヌ文化の振興並びにアイヌの伝統等に関する知識の普及及び啓発に関する法律」（以下、「アイヌ文化振興法」とする）が施行され、アイヌ文化を振興するために、アイヌの伝統などに関する知識を普及していくこと、啓発していくことが法律で定められました。また、二〇〇八（平成二〇）年六月には「アイヌ民族を先住民族とすることを求める」国会決議がなされるなど、アイヌの伝統文化に関わる事柄と、アイヌ民族が先住民族であるという認識が広まる土台が形成されつつあることを示しているのかもしれません。

しかし、アイヌの人びと、といえば、伝統的な独自の文化のことが思いうかぶという一方で、同じこの時代を生きるアイヌの人びとについて、どのようなことが思いうかぶでしょうか。アイヌの人びと、と聞くと、ほぼ無意識のうちに「伝統」的なイメージがうかんでくる、ということはないでしょうか。もしそうだとすれば、私たちは、同じ時代を生きるアイヌの人びとを、私たちの側にすでにつくられたイメージ、すなわち、先入観とか固定観念というものですが、そのなかで理解しようとしている、といえるかもしれません。

アイヌの人びとに関連して、伝統的な文化を思いうかべる人が多いことの背景の一つに、アイヌ文化についての博物館の展示が、その要因の一つになっているという可能性があります。

日本の博物館でアイヌについての展示を有している博物館の多くは、これまでおもに、アイヌの「伝統」についての展示を来館者に提供してきた、ということを示した調査・研究があります。

本田俊和・葉月浩林両氏によって二〇〇二(平成一四)年から二〇〇五(平成一七)年にかけて実施された国内のアイヌ関係展示の調査〔本田・葉月 二〇〇六〕によると、アイヌに関する展示を有する国内のおもな博物館二一館のほとんどが、アイヌ民族の伝統的な生活の様子を展示しており、「現在」を展示する施設はごく一部の例外を除いてなかった、ということです。こうした展示は、アイヌ民族の現在についての知識が少ない人びとに対し、アイヌ民族は現在も昔と変わらない生活をしている、とか、アイヌ民族はもう存在しない、などの誤った解釈を与える可能性がある、との指摘もされています。

このような誤った理解を与える懸念がありながら、なぜこれらの博物館はアイヌの「現在」を展示せず、伝統文化を展示してきたのでしょうか。

本田・葉月両氏の論考は、博物館のスタッフへのインタビューをもとに、一一の理由を挙げています。いくつかご紹介しましょう。まず、アイヌ民族自身が「現在」の展示を必ずしも望んでいない、なぜなら、そうした展示は、「主流社会側」の人びとに、アイヌはすでに和人と変わらないではないか、という印象を生じさせる可能性があるためだといいます。つまり、現在のアイヌ民族は、日本列島に住むアイヌ民族ではない人びとと変わらない生活をしていますので、アイヌ民族やアイヌ文化は消えてなくなってしまったものと思われてしまうかもしれない。それで、アイヌ民族自身が、「アイヌの現在」の展示を必ずしも望んでいないのではないか、という理由です。

また、来館者の側も、いわゆる「伝統的」な様子を期待している、ということも理由としてあるといいます。(3) 私も含め、みなさん一人一人にも関わることです。「どのようなものを見たくて博物館に足を運んでいるのか」ということを、今、想像していただけないでしょうか。アイヌについての展示を見るというときに、みなさんはどのような展示をご覧になりたくて博物館にいらっしゃるでしょうか。「伝統的」な文化についての展示が見たい、というかたが多いとすれば、そうした来館者の希望や期待が、展示を方向づけるファクターの一つになりうるということを、心に留めていただければと思います。

二　歴博の展示

本田・葉月両氏が調査された博物館二一館のなかに歴博は含まれておりませんが、歴博では、一九九五(平成七)年五月にオープンした第五展示室(近代)と、二〇〇八(平成二〇)年三月にリニューアルオープンした第三展示室(近世)にアイヌに関する展示があります。

第五展示室はおもに日本の近代をあつかった展示室です。展示室後半に置かれた「産業と開拓」という展示テーマのなかに、北海道開拓とアイヌ民族の近代についての展示がつくられました。アイヌの伝統的な生活やアイヌ語についての展示のほか、強制移住や同化政策などに関することがらを展示しています。また、一九九七(平成九)年に「アイヌ文化振興法」が施行されてから、これについての展示も加えられています。

第三展示室はおもに日本の江戸時代をあつかった展示室です。展示室冒頭には「国際社会のなかの近世日本」というテーマが置かれており、そのなかで、松前藩を介したアイヌの人びととの通商関係についての展示がつくられました。

このように、歴博の展示では、江戸時代のアイヌの人びとについての展示と、近代のアイヌの人びとについての展示があり、一九九七(平成九)年に施行された「アイヌ文化振興法」まで、展示で触れられています。

そこで、新しくつくる第四展示室では何を中心のテーマとして展示をつくっていくかということですが、第四展示室では、展示プロジェクト委員として、貝澤耕一氏と野本正博氏の二人のアイヌ民族を迎え、何をテーマにとりあげるか、何を展示するか、というところからともに検討して、今回の展示「アイヌ民族の伝統と現在」がつくられました。貝澤耕一氏は、平取町《びらとり》アイヌ文化保存会の事務局長としてアイヌ文化の伝承活動に取り組まれるほか、室蘭工業大学客員教授として教育にも従事しておられます。野本正博氏は、白老《しらおい》にあるアイヌ民族博物館の館長として、アイヌ文化の伝承・教育・普及などさまざまな活動に従事しておられるかたです。

三　アイヌ民族との共同による展示構築の必要性

さきほど申し上げたとおり、今回の新しい民俗展示室の「アイヌ民族の伝統と現在」では、貝澤耕一氏と野本正博氏を展示プロジェクト委員にお迎えして、企画段階から展示の構築に携わっていただきました。アイヌ文化をあつかった展示はたくさん実施されていますが、従来は、アイヌ文化研究者や博物館・美術館のスタッフによって展示が企画・構成されることが多く、アイヌ民族自身が参画するということはあまりありませんでした。

海外では、博物館のスタッフと先住民とのコラボレーションという概念が、一九八〇年代の北米で現れ、カナダやアメリカ合衆国の主要な博物館における先住民の歴史展示の企画において強力な要素になったとされています〔Laforet 二〇〇八〕。

歴博では、限られた時間と条件のなかでの事例調査ではありますが、研究交流協定を結んでいるカナダ文明博物館（現カナダ歴史博物館）をはじめ、カナダ・オーストラリア・スウェーデンにおいて先住民に関する展示や教育実践を視察し、博物館スタッフと先住民とのコラボレーションの実践例を学び、歴博の展示構築の参考にしました。[4]

日本の博物館でも、アイヌ民族の参加によるさまざまな展示構築が試みられるようになってきており、それらの実践例も参照しました。たとえば、二〇〇三（平成一五）年から二〇〇四（平成一六）年にかけて徳島県立博物館・旭川市博物館・国立民族学博物館を巡回した展示「アイヌからのメッセージ―ものづくりと心―」は、「アイヌ自らが企画・立案し、開催館スタッフとの共同作業によって実現したもの」（アイヌ工芸品展企画委員会 二〇〇三：五）であり、展示のコンセプトづくりから展示物の選定、会場構成などが、アイヌの企画委員の手で進められたという展示です（吉田 二〇〇三：一四九）。また、北海道大学総合博物館で開催された企画展示「テエタシンリッ テケルコチ 先人の手あと 北大所蔵アイヌ資料―受けつぐ技―」（二〇〇九年二月一日～三月二九日）は、企画段階からアイヌ工芸家が参加し、展示タイトル、展示レイアウト、展示手法、関連イベントの企画など、展示準備に関するほぼすべての過程が大学側スタッフとともに進められたという展示です（山崎 二〇〇九：九四）。

このように、現代の日本では、アイヌに関する調査研究を実施する際、そして、その成果に基づいて展示をつくる際には、すべてのプロセスにアイヌ民族の参加を得る、ということがおこなわれるようになっています。[5] 歴博でも、歴博が所蔵するアイヌ関係の資料で、ニール・ゴードン・マンロー（一八六三―一九四二）撮影の写真や映画についての共同研究を二〇〇六（平成一八）年から実施した際に、共同研究のすべてのプロセスを、その写真・映画が撮影されたおもな場所である平取町二風谷《にぶたに》のアイヌの人びとの参加を得て実施しました。[6] こうした経験をふまえ、歴博では、アイヌの人びとと共同で調査研究をし、展示をつくることが不可欠だという共通認識のもとで、いろいろと試行錯誤を重ねながら、「アイヌ民族の伝統と現在」という部分をつくっていきました。

四　「アイヌ民族の伝統と現在」のメッセージ

貝澤・野本両氏との協議を重ねるなかで、この展示コーナーでは以下のことを基本メッセージとする方向性が定まっていきました。

第一に、アイヌ民族は「伝統」的な生活様式のまま暮らしているのではない、ということを展示のなかで示したい、ということです。第二に、そうであるからといって、アイヌ民族はかつての生活様式からまったく切り離されて存在しているのではない、つながっている、ということを示したい、ということです。そして第三に、アイヌ民族は祖先から受け継いだ文化を更新しながら継承しており、アイヌとしてのアイデンティティをそこにおいて育み、日本列島そして世界とつながりながら存在している、ということです。

この三つを基本的なメッセージとして、「アイヌ民族の伝統と現在」という展示コーナーをつくっていきました。

この展示コーナーは、大きく二つのテーマに分かれます。「現代のアイヌアート」と、「資源の利用と文化の伝承」の二つです。

1 「現代のアイヌアート」

「現代のアイヌアート」では、アイヌの「伝統工芸」の枠組みを超えて、「伝統」を現代に活かす実践をしながら作品を制作しているアイヌのアーティストたちの作品を紹介しています。

アイヌの「伝統工芸」の枠に収まりきらない作品をとりあげたのは、さきほどお話いたしました、この新しい展示

写真１　「アイヌ民族の伝統と現在」の全景

コーナーの主要メッセージである、「アイヌ民族は『伝統』的な生活様式のまま暮らしているのではなく、しかしかつての生活様式からまったく切り離されて存在しているのでもなく、祖先から受け継いだ文化を更新しながら継承している」ということを伝えるために、これらの作品を、そのメッセージを象徴するものとして紹介したい、という理由からです。

　ここでは一〇名のアーティストの作品を紹介しています。六名のアーティストの作品は一年を通して展示しています。壁面は、年四回展示替えをして四名の作品を入れ替えて紹介しています。どのような作品が展示されているのかということについては、歴史系総合誌『歴博』一七七号（二〇一三年三月二〇日）に作品一点一点を写真入りで紹介しておりますので、ご覧下さいましたら幸いです。インターネットで歴博のホームページからもご覧いただけます[7]。

　この展示を構成するときに、展示プロジェクト委員で大切にしていたキーワードは、「アイヌ民族のア

写真2　「現代のアイヌアート」の展示の様子

イデンティティ」でした。アイヌ文化との出会いかた、アイヌ文化との距離のとりかた、アイヌ文化に対する思い、「伝統」文化との向き合いかた、そうしたものが一人一人異なっており、アイヌとしてのアイデンティティの形成過程の多様性を、展示のなかで伝えていくことを考えました。今回の展示では、それを伝えるための工夫として、アーティスト自身によるプロフィール紹介、作品紹介を展示解説に取り入れるという方法をとりました。

　より具体的にいいますと、各アーティストには、基本的に、自身のプロフィール写真を自分で選んで提供していただき、また、自己紹介の文章、作品紹介の文章も、各アーティストから提供していただいて、それらを、作品の近くに設置したタッチパネルとめくりの両方で閲覧できるようにしました。自分自身と自分の作品について、アーティスト自らが語ることばとともに、作品を見ることができるようにしました。それらのことばと作品から、来館者はアーティストそれぞれのアイヌ文化への向き合いかたを知ることができるでしょう。そうしたことが、現代におけるアイヌ文化の継承の多様なありかたという視点をもつことへの手がかりになればと考えています。

２「資源の利用と文化の伝承」

「アイヌ民族の伝統と現在」の展示コーナーの後半は、「資源の利用と文化の伝承」というテーマによる展示です。「二風谷ダム裁判」についての展示と、二つの地域のアイヌ文化の伝承活動を紹介しています。一つは、二風谷ダム裁判に関わる二風谷を含む平取と、もう一つは、アイヌ民族博物館が立地する白老です。

今日の報告の冒頭で、「アイヌ民族の伝統と現在」の展示は、「開発と景観」というテーマに置かれているとお話いたしました。大きな開発にともなう地域文化の変容がおもなテーマであり、「資源の利用と文化の伝承」の内容は、そのテーマとの関連が深い内容になっています。

①二風谷ダム裁判

「二風谷ダム裁判」は、アイヌ民族と自然資源の利用、それを背景とする文化伝承のありかたや、民族としての権利回復などについて、さまざまな論点を与える重要な出来事です。

写真3は、二風谷を流れる沙流川《さるがわ》の一九三〇年代の様子です。この場所にダムができて、現在は写真4のようになり、写真3に写っている河原はありません。

沙流川は氾濫を起こしやすく、川に沿った土地は農地に適さなかったのですが、アイヌ民族は明治以降、狩猟を禁じられ、二風谷のアイヌは、一八九九(明治三二)年の北海道旧土人保護法によって、沙流川河川沿いの給与地で田畑

写真3　昭和はじめ頃の沙流川の様子

N.G.マンロー撮影（本館蔵）

写真4　現在の様子

を営むことになります。しかし沙流川はたびたび氾濫を起こし、この土地で農業を営むのは非常に難しかったのです。戦後、一九六五（昭和四〇）年に堤防がつくられ、一九六八（昭和四三）年には川を渡って農地に行くための橋がつくられて、ようやく安定的に農地として利用できるようになったのですが、その矢先、ダムの計画が立ち上がりました。ダム建設に反対した貝澤正氏は、「北海道開発政策の中に生存権を奪われて、ようやく農民となった矢先にまた土地を取り上げる。こういう開発政策には私は納得できないのであります」（貝澤正「収容委員会における陳述」一九八八（昭和六三）年二月一五日より）と述べています。

このように、一度ならず、アイヌ民族の生活をくり返し踏みにじるような政策に対し、アイヌという「民族」の権利、「アイヌ民族を先住民族として認める」ことを求めて裁判がおこなわれました。(8) 一九九七（平成九）年に裁判は結審し、ダム建設によって得られる利益が、これによって失われる利益に勝るかどうかを判断するために必要な調査・研究等を国が怠り、アイヌ文化に対する影響を可能な限り少なくする等の対策を講じないまま、国がダム建設を認定したことは「違法」と判断されました。国は控訴しなかったので、この判決が確定したのですが、判決文のなかでアイヌ民族の権利について非常に重要なことが述べられています。

一つは、アイヌ民族が「先住民族」であるとされたことです。判決文には次のようにあります。

アイヌ民族は、我が国の統治が及ぶ前から主として北海道に居住し、独自の文化を形成しており、これが我が国の統治に取り込まれた後もその多数構成員の採った政策等により、経済的、社会的に大きな打撃を受けつつも、なお民族としての独自性を保っているということができるから、先住民族に該当するというべきである。

そしてもう一つ重要なのは、文化享有権の保障がみとめられたことです。「少数民族にとって民族固有の文化は、多数民族に同化せず、その民族を維持する本質的なものであるから、その民族に属する個人にとって、民族固有の文化を享有する権利は、自己の人格的生存に必要な権利ともいい得る重要なもの」であり、「少数民族たるアイヌ民族固有の文化を享有する権利を保障されていると解することができる」（判決文より）とされました。

この判決以降、アイヌ文化の伝承地においてこのような大きな開発がある場合には、それがアイヌ文化にどのような影響を与えるのか、きちんと調査・研究しなければいけない、ということになりました。

一九七一（昭和四六）年に発表された沙流川総合開発計画では、二風谷ダムのほかに、あと二つのダムの建設が予定されていました。その一つが、二風谷ダムの上流、沙流川の支流である額平《ぬかびら》川に計画された平取ダムで、二〇〇二（平成一四）年三月にその計画が動き始めようとしていたのですが、二風谷ダム判決に基づいて、ダム建設が地域のアイヌ文化へ及ぼす影響が調査されることになったのです。調査は二〇〇三（平成一五）年から始まり、調査計画の段階で「地域住民の主体的参画による調査」という目標が掲げられて、現地調査をおこなう「調査員」は、三年間で延べ二七名。そのほとんどが地域住民であり、ほぼ半数がアイヌ民族出身者で構成されました〔岩崎 二〇一〇〕。こうした調査そのものが、地域のアイヌの人びとが、アイヌ文化を学ぶ機会にもなっています。

表1　二風谷ダム裁判の経緯

年	概　要
一九七一（昭和四六）	苫東基本計画策定。北海道開発局は「沙流川総合開発事業計画」のための調査を開始し、用地買収を進める
一九八三（昭和五八）	建設省がダム建設計画を告示
一九八四（昭和五九）	四月：国が事業認定申請。一二月：建設大臣より事業認定
一九八八（昭和六三）	貝澤正・萱野茂両氏を除くすべての地権者が土地の明け渡しに同意
一九八九（平成元）	北海道収容委員会は貝澤正・萱野茂両氏の所有地の強制収用を認める裁決。両氏は建設大臣に不服申立の審査請求
一九九一（平成三）	貝澤正・萱野茂両氏、建設省にて意見陳述
一九九二（平成四）	貝澤正氏没。貝澤耕一氏が引き継ぐ
一九九三（平成五）	三月：建設大臣、貝澤正・萱野茂両氏の審査請求を棄却。五月：萱野茂・貝澤耕一両氏、行政訴訟を提起
一九九六（平成八）	二風谷ダムで試験湛水
一九九七（平成九）	二風谷ダム裁判結審

②平取と白老における文化伝承活動

「資源の利用と文化の伝承」というテーマにおいて、平取と白老という地域の伝承活動に着目した理由として、この二つの地域で「伝統的生活空間（イオル）再生事業」が先行して実施されたことがあげられます。

この事業は、一九九六（平成八）年、内閣官房長官の諮問機関である「ウタリ対策のあり方に関する有識者懇談会」が、新しい施策の一つとして、アイヌ文化の総合的な伝承を図ることを目的として、「イオル（伝統的生活空間）の再生」を提言したことに始まります。その後、「アイヌ文化振興等施策推進会議」が設置され、イオル再生事業が検討されることとなり、二〇〇五（平成一七）年に、この会議で「アイヌの伝統的生活空間の再生に関する基本構想」がまとめられ、白老町（二〇〇六年度）と平取町（二〇〇八年度）でその試みが開始されました。

両地域には、それぞれ独自の文化伝承の歴史があり、沙流川上流に位置する平取町は、山や川という環境で育まれた生業と深く結びついた文化が伝承・保存されているという特徴があり、一方、海浜地に位置する白老町は、山・川・海という環境で育まれた生業と深く結びついた文化が伝承・保存されているという特徴があります。二つの地域を選んだのは、現代を生きるアイヌ民族が、祖先から受け継いだ文化を更新しながら継承していることについて、複数の脈略から伝えることが必要性であると考えたからです。

平取町は、「生活に根ざした文化伝承活動」という特徴に着目して展示をつくっていきました。

平取町は、オヒョウやシナなどの豊かな森林資源にアクセス可能な環境であることから、これらを用いたアットゥシ（オヒョウ等の樹皮の内皮でつくった糸で織られた織物）の生産が江戸時代から盛んにおこなわれていました。

昭和二〇年代後半、旭川市の民芸社が平取町二風谷のアットゥシを大量買い付けするようになり、二風谷を中心にアットゥシが大量生産されるようになりました〔二風谷部落誌編纂委員会　一九八三：二三八〕。一九六一（昭和三六）年には地域住民の活動の拠点となる「生活館」が北海道で最初につくられ、翌年には旭川から木彫の講師を招いて生活館で講習会を開催し、木彫に携わる人材を育てました（二風谷部落誌編纂委員会 一九八三：一六二）。昭和三〇年代後半はいわゆる民芸品ブームで、また、一九六五（昭和四〇）年に開通した日勝道路のために二風谷に観光客が増加し、道路沿いに民芸品の店が立ち並びました（二風谷部落誌編纂委員会 一九八三：一六二）。このように、民芸品生産を背景として、木彫や織物などの工芸技術の伝承がなされていきました。

工芸技術だけでなく、一九七〇（昭和四五）年にはアイヌ式の結婚式が、一九七三（昭和四八）年にはチプサンケ（丸木舟の進水式）がそれぞれ復活したり、一九八三（昭和五八）年には、平取アイヌ文化保存会が結成されたほか、アイヌ語教室の先駆けとなる「二風谷アイヌ語塾」が開設したりして、儀礼や信仰、ことばの伝承活動も地域住民の手で実践されてきました。

展示では、オヒョウの樹皮の内皮からつくられた糸で編まれたサラニプ（小型の背負い袋）やアットゥシの展示のほか、平取アイヌ文化保存会の活動、地域の人びとによって実践されている儀礼の様子をパネルで紹介しています。また、伝承活動の様子は、タッチパネルの動画[9]でも見ることができます。

白老は、「観光と研究を背景とする文化伝承」という特徴に注目して展示を構成していきました。白老におけるアイヌ文化の伝承は、そのほとんどがなんらかのかたちでアイヌ民族博物館と、それが立地しているポロトコタンに関係しているという特徴があります（大黒 二〇〇一：一三八）。

白老における観光と博物館設立の経緯については、野本正博氏の研究成果（野本 二〇一三）に詳しいので、ここではそれに基づいて概要を述べます。

観光地としての白老の歴史は、一八八一（明治一四）年に明治天皇が北海道を訪れ、白老に立ち寄った際にアイヌの儀式などを視察したことに始まり、明治の後半・大正・昭和にかけて皇族たちが白老をたびたび訪れて、白老はアイヌ民族の居住区として知られるようになっていきます〔野本 二〇一三：三八―四〇〕。

戦後しばらくの間は、少数のアイヌの人びとが白老市街地で小規模な観光業を営んでいましたが、昭和三〇年代後半に観光客が急増し、市街地に観光地があるということによって、白老の人びとの生活環境に悪い影響、たとえば、観光客がアイヌの人びとの生活を見るために小学校に足を踏み入れるなどが生じたりしたそうです。また、みやげ物が品薄になり、生産がおいつかないことから粗悪品が出回るなどして、観光客から北海道庁へ苦情が寄せられるようになったということです〔野本 二〇一三：四三―四六〕。

北海道庁の白老町に対する行政指導の結果、一九六五（昭和四〇）年、ポロトという湖に新しい観光地として白老ポロトコタンが営業を開始し、白老町が出資した株式会社「白老観光コンサルタント」によってこの観光地が運営されるようになり、それまで個人で観光業を営んでいたアイヌの人びとは雇用される立場になりました〔野本 二〇一三：四六―四七〕。

白老町がアイヌに関連した観光を取り仕切るということは、アイヌ民族の文化資源を、アイヌ民族自身ではなく行政が取り仕切ることを意味しており、一九七四（昭和四九）年には、そうした状況に疑問をもった和人の青年による白老町長傷害事件が起こってしまいます〔野本 二〇一三：四九―五〇〕。

これにより白老町は観光から撤退し、一九七六（昭和五一）年に、白老のアイヌの人たちを中心とする財団法人によってアイヌ観光が実施されることになります。入場料収入で財源を賄い、自立して自らの文化を紹介し、それを発展させていく、という目的で設立された財団です〔野本 二〇一三：五〇〕。

そして、「見られるという一方的な存在ではなくて、見せる側に立ちたい」という思いから、一九八四（昭和五九）年、

「アイヌ民族博物館」が設立され、アイヌ民族が「調査・研究をする側」に立ち、その調査・研究の成果に基づいて「自分たちで実体験し、自分たちで演じることができるような体制」がつくられていきます〔野本 二〇一三：五〇―五一〕。

アイヌ民族博物館では、アイヌ民族自身が主体的に自らの文化を次の世代に伝えるための事業として、儀礼の調査・研究とその儀礼実践がおこなわれており〔ステンダルディ 二〇〇二：二四三―二四六〕、博物館活動と密接に関連した伝承活動を実践しているということが、白老におけるアイヌ文化の伝承の特徴になっています。

展示では、アイヌ民族博物館の博物館活動の様子をパネルで紹介するほか、海浜地に位置する白老の伝承の特徴を示すために漁撈具を展示しています。また、アイヌ民族博物館の設立の経緯や、歌や踊り、漁撈に関する儀礼の様子をタッチパネルの動画で提供しています。(10)

おわりに

最後に今後の課題について少しお話いたします。

今後もこの展示コーナーは、アイヌ民族との共同によって展示を更新していく必要があります。今回の展示は、「はじめの一歩」であり、ここからどのように展示を成長させていけるかが課題だと認識しています。そのためには、「アイヌアート」の展示では、継続的なコレクション形成が必要となるでしょう。「資源の利用と文化の伝承」では、平取や白老での文化伝承活動について、展示されている情報の更新が必要になると考えています。

また、歴博には、江戸時代のアイヌ民族についての展示が第三展示室に、また、明治以降については第五展示室にあるのですが、今回完成した第四展示室の現代のアイヌ文化の伝承に関する展示も含め、それらをトータルで見学していただけるようなプログラムがありません。アイヌに関する歴博の展示の全体像を来館者に把握していただけるような工夫が必要だと感じています。江戸時代から現代のアイヌ文化の伝承というところまで、全体を見通せるようなプログラムをつくっていくことが、これからの課題だと認識しています。

これは、歴博の展示プロジェクト委員を引き受けてくださった貝澤耕一・野本正博両氏のご意見でもありますが、アイヌ文化・アイヌ民族についての展示は、過去だけ、「伝統」だけではなく、また、現代だけでもなく、総合的な展示が望まれているということを申し上げて、私の報告を終わりにいたします。ご清聴ありがとうございました。

註

（1）調査は二〇一〇（平成二二）年一〇月九日〜一一日、一一月二一日、一三日に実施。回答者数七〇名、自由記述方式、複数回答あり。

（2）「アイヌ政策に関する国民の意識を把握し、今後の施策の参考とする」ことを目的として内閣府が二〇一三（平成二五）年一〇月二四日〜一一月三日にかけて、全国二〇歳以上の日本国籍を有する三千人を対象に実施した調査（内閣府大臣官房政府広報室「アイヌ政策に関する世論調査」二〇一五年二月一七日取得、http://survey.gov-online.go.jp/h25/h25-ainu/index.html）でも、アイヌという民族がいることを「知っている」と答えた者（一六六三人）のうち、「アイヌについて知っている事項（全般）」では、「アイヌの人々が先住民族であるということ」（六八・三％）、「アイヌが独自の伝統的文化を形成していること」（六五・七％）という結果がでている。また、アイヌの人びとのイメージでは、「独自の伝統的文化を育んでいる」（六二・六％）、「自然と関わりの深い生活を送ってきた」（五三・五％）、「独自の言語を話している」（四六・五％）、

「アイヌの伝統的文化が存続の危機にある」(四〇・四%)の順となっているように、アイヌが先住民族であることと独自の伝統文化について思いうかべる人が多いことがわかる。

(3) 註(2)で参照した内閣府のアンケートによれば、「アイヌに関するどのようなイベントなら見学・参加してみたいと思うか」に対し、「アイヌの伝統的古式舞踊・音楽」(五三・五%)、「アイヌの伝統的工芸品の展示会」(五一・四%)、「アイヌの伝統的家屋の見学会」(三二・八%)、「アイヌの伝統的儀式」(三〇・四%)の順になっており、こうした調査にも、伝統文化への関心の高さが表れているようである。

(4) 調査は以下のとおり実施した。

オーストラリア(調査期間：二〇一〇(平成二二)年三月六日～一五日)

調査先：南オーストラリア博物館・南オーストラリア美術館・タンダニャ国立アボリジニ文化研究所(以上アデレード)、国立オーストラリア美術館・国立オーストラリア博物館(以上キャンベラ)、オーストラリア博物館(シドニー)

スウェーデン(調査期間：二〇一〇(平成二二)年一一月一六日～二二日)

調査先：アイテ・サーメ博物館(ヨックモック)、サーメ小学校(ヨックモック校)、イェリヴァレ博物館(イェリバレ)、サーメ放送局(キルナ)、サーメ議会(キルナ)、北方民俗博物館(ストックホルム)

カナダ(調査期間：二〇一一(平成二三)年二月二六日～三月六日)

調査先：ロイヤル・オンタリオ博物館(トロント)、カナダ文明博物館(現カナダ歴史博物館、オタワ)、ウッドランド文化センター(ブラントフォード)、ブリティッシュコロンビア大学附属人類学博物館(バンクーバー)、スカミッシュ・リルワット文化センター(ウィスラー)

（5） スコットランド出身の医師で考古学・人類学の研究をおこなった。一八九一（明治二四）年来日。一九三一（昭和六）年から二風谷に移り住み、本格的にアイヌ文化の研究をおこなった。

（6） 歴博共同研究「マンローコレクション研究―館蔵の写真資料を中心に」（二〇〇六～二〇〇八年度、研究代表者：内田順子）、科研・基盤研究（B）「欧米の人類学映画・写真に見えるアイヌ文化のイメージについての研究」（二〇〇六～二〇〇八年度、研究代表者：内田順子）、人間文化研究機構連携研究：文化資源の高度活用「アイヌ文化の図像表象に関する比較研究―『夷酋列像図』とマンローコレクションのデジタルコンテンツ化の試み―」（二〇〇六～二〇〇八年度、研究代表者：佐々木史郎）など。成果は『国立歴史民俗博物館研究報告』第一六八集（「マンローコレクション研究―写真・映画・文書を中心に―」二〇一一年一一月）にて出版。

（7） 歴博ホームページの「刊行物―歴史系総合誌『歴博』―バックナンバー―第一七七号―連載『歴史の証人―写真による収蔵品紹介―（第四展示室新構築に向けて）現代のアイヌアートの収集と展示』」（二〇一五年二月一七日取得、http://www.rekihaku.ac.jp/outline/publication/rekihaku/177/witness.html）。

（8） 裁判の詳細については、〔萱野・田中 一九九九〕〔貝澤 二〇一一〕を参照されたい。

（9） 「食文化の伝承活動 春の山菜採り～平取アイヌ文化保存会～」「アットゥシ 樹皮の利用～平取町～」「チプサンケ 丸木舟の進水式 準備編～平取町～」「チプサンケ 丸木舟の進水式 儀礼編～平取町～」の四つのプログラムを提供。

（10） 「アイヌ民族博物館設立の経緯と意義」「歌と踊り～アイヌ民族博物館～」「シㇼカプ（メカジキ）の送り儀礼～アイヌ民族博物館～」「ペッカムイノミ 新しいサケを迎える儀式～アイヌ民族博物館～」の四つのプログラムを提供。

参考文献

Laforet, Andrea L.（二〇〇八）"*We are Still Here!" Consultation and Collaboration in the Development of the First Peoples' Hall at the Canadian Meseum of Civilization*（『北太平洋の文化―北方地域の博物館と民族文化―②』〈第二二回北方民族文化シンポジウム報告書〉）。

アイヌ工芸品展企画委員会（二〇〇三）「アイヌ工芸品展『アイヌからのメッセージ―ものづくりと心―』開催にあたって」（『アイヌからのメッセージ―ものづくりと心―』財団法人アイヌ文化振興・研究推進機構編集発行）。

岩崎まさみ（二〇一〇）「研究する側と研究される側―先住民族調査における課題」（北海道大学アイヌ・先住民研究センター編『アイヌ研究の現在と未来』北海道大学出版会）。

大黒　正伸（二〇〇二）「アイヌ民族の日常リアリティ―白老町と門別町の調査から―」（松本和良・江川直子編『アイヌ民族とエスニシティの社会学』学文社）。

貝澤　耕一（二〇一一）「民族の復権を求めて」（貝澤耕一・丸山博・松名隆・奥野恒久編『アイヌ民族の復権―先住民族と築く新たな社会―』法律文化社）。

萱野茂・田中宏編集代表（一九九九）『二風谷ダム裁判の記録』（三省堂）。

ステンダルディ、ロレーナ（二〇〇二）「観光活動による少数民族の文化の保存と伝承　北海道白老の例」（煎本孝編『東北アジア諸民族の文化動態』北海道大学図書刊行会）。

二風谷部落誌編纂委員会編（一九八三）『二風谷』（二風谷自治会）。

野本　正博（二〇一三）「アイヌ観光と博物館―文化資源と民族共生モデルを考える―」（国立歴史民俗博物館・青木隆浩編『地域開発と文化資源』岩田書院）。

本田俊和・葉月浩林　（二〇〇六）「アイヌ民族の表象に関する考察—博物館展示を事例に—」（『放送大学研究年報』第二四号）。
山﨑　幸治　（二〇〇九）「先住民族と博物館資料—アイヌ文化展示準備のなかでの学び—」（山﨑幸治・加藤克・天野哲也編『teetasinrit tekrukoci　先人の手あと　北大所蔵アイヌ資料—受けつぐ技—』北海道大学総合博物館／北海道大学アイヌ・先住民研究センター）。
吉田　憲司　（二〇〇三）「先住民族と博物館—『アイヌからのメッセージ』展における自文化展示の新たな試み—」（『アイヌからのメッセージ—ものづくりと心—』財団法人アイヌ文化振興・研究推進機構編集発行）。

商品化される「民俗文化」
―「現代の観光とおみやげ」から―

川村清志

はじめに

皆さん、こんにちは。研究部の川村と申します。本日はこの悪天候のなか、よくおいでいただきました。どうか、よろしくお願いします。早速ですが、私からは、「『民俗』へのまなざし」のなかの「現代の観光とおみやげ」について紹介させていただきます。エントランスを入り、「行事食の変化」に続く二つ目の小テーマになります。

今、スクリーンには全体の目次が出ておりますが、おそらく文字が細かすぎてみえにくいかと思います。何を示したかったかといえば、今日お話できるのは、この上の黒い部分、全体の三分の一に限られるということです。正直、これほど関心が広がるとは思わなかったのですが、当初の構想からどんどん拡大してしまいました。今のところ、議論をまとめるには三部構成にする必要があるかと考えています。もっとも第二部をいつお話できるかは未定なのですが、資料が集まっていけば、いずれまたお話したいと思います。

さて、本日の議論では、現在、展示されているおみやげについて、私の視点から少し整理し直したいと考えています。レジュメにも書きましたが、私は昨年（二〇一二〔平成二四〕年）の四月に歴博に赴任してまいりました。本格的に第四室の展示に協力させていただいたのは、一年弱にみたない期間です。第四室展示の準備が二〇〇八（平成二〇）年くらいから本格的に始まったと考えても、主体的に関与できたのはごく限られた期間にすぎません。私が赴任した時点で、展示の内容や分類、購入すべきものなども、ほぼ決定されていました。確かに、まだ購入すべき資料もありましたし、いくつかの展示の細目については、私の考えを取り込むこともできました。それでも私にできることは、基本的にとても限られていたのです。限られていましたけれども、それらの作業をへる過程で、分類や展示の仕方、あるいは展示についてのパースペクティブについて考えるところがありました。それらを内側からの反省も含めながら、今後どのように改良していけばいいのかという点を視野に入れて検証していこうと思います。

それでは、まず、おみやげ展示の概略について紹介させてもらいます。おせち料理に関する雑誌を紹介するコーナーのむこうに、不思議なオブジェがゆっくりと回転しています（写真1）。よくみると沖縄のシーサーをアレンジしたキャラクターが、無数に組み合わさっています。シーサーたちは手に手にゴーヤチャンプルやジーマミ豆腐、サーターアンダギーや豆腐餻《とうふよう》といった沖縄を代表する料理を持っています。これを制作した方による同じような作品が、那覇の国際通りのみやげもの屋で実際に店頭に置かれているそうです。資料登録された正式名称は、「電動回転式ピラミッド型立体シーサー」というなんともいかめしい名前になっています。一つ一つのシーサーは愛嬌があって可愛らしく、よくみると雌雄の区別もあるようです。もっとも無数のシーサーが合体している姿は、みようによってはかなりインパクトのあるものです。個人的には『鋼の錬金術師』のエンヴィを思いだしたのですが、本日、お越しの皆さんはあまりご存じないでしょう。すいません。

さて、そこを過ぎると左右の壁面がいくつかのパーティションに分かれて、数多くのおみやげが展示されています。向かって左側から「沖縄」「北海道」「郷土食」「国際化する観光」のコーナーが設えられ、右側には「社寺参詣」「祭

写真１「現代の観光とおみやげ」の全景

礼・芸能」「平和学習」「産業」が配されています。パーティションの数は実際よりも多いのですが、コーナーとしては、以上の八つに分かれています。

右側から紹介していくと、最初の「社寺参詣」は日本各地の主要な神社仏閣におけるおみやげを展示しています。奈良、京都はもちろん、東京(浅草寺)や富士山、あるいは世界文化遺産に登録されている熊野古道の寺社や宮島の厳島神社などが紹介されています。また、少し大きなスペースを取って、四国の八十八番札所の巡礼に関するおみやげも集めています。八十八カ所の巡礼自体は、近世から盛んに行われてきましたが、現代のような広がりをみせるようになったのは、戦後になってからのことです。八十八カ所のなかには、各寺のオリジナルのおみやげを販売している所も少なくありません。ここでは代表的な札所のおみやげや遍路の装束や杖、巡礼の記念となる集印帳などを展示しています。

「祭礼・芸能」では、高知のよさこいや徳島の阿波おどり、あるいは越中八尾の風の盆に関するおみやげを、ややスペースを割いて陳列しています。なるべく厚みのない祭りの衣装や踊りに用いる小物、あるいは踊りの教本なども紹介しています。また、日本を東北や能登、中国、九州などの地域ごとに分けて、各々の代表的な祭礼や民俗芸能に関連するおみやげを展示しています（写真2、3）。

「平和学習」では、主に広島と長崎の原爆資料館や関連施設に関係するおみやげを紹介しています。長崎では平和祈念像に関連するもの、広島では世界文化遺産に登録された原爆ドームに関するものを中心に紹介しています。

「産業」では、伝統的な手工業というよりは、近代化のなかで発展し、資源の枯渇やエネルギー利用の変貌のなかで「遺産化」していった産業が展示されています。佐渡の金山や石見《いわみ》の銀山などは、いずれも江戸時代を代表する鉱山です。現在では、それらの鉱山跡が文化資源として盛んに観光に活用されています。観光化という点でより新しい対象が、九州や北海道の炭鉱跡です。石炭産業は近代日本のエネルギー需要を支えてきました。しかし、戦後のエネルギー革命後は徐々に衰退していき、ほぼ等しく閉山に追い込まれていきます。それらが近年になると「近代化遺産」の指定や登録の対象となり、観光資源として注目されつつあるわけです。

次に左側の壁面に目を移しましょう。最初の二つ、「沖縄」と「北海道」では、日本の南北を代表する観光地のおみやげが陳列されています。「北海道」では、先住民族であるアイヌの刺繡《ししゅう》や木工、あるいは、雄大な自然景観にちなんだおみやげが目立ちます。また、「祭礼・芸能」とも重なりますが、近年になって展開してきたＹＯＳＡＫＯＩソーランのおみやげも展示されています。他方で「沖縄」では、エイサーやサンシンなどの独特の芸能に関する各種のおみやげが配されています。また、元来は家や村の守り神であったシーサー、外来神であるミロ（リ）クやアンガマなどをかたどった置物やそれらについての二次的な創作、さらには沖縄独特の蒸留酒、泡盛などが展示されています。

「郷土食」は、文字通り、旅の楽しみの一つである食に関係する展示になっています。ただしこの「郷土」という言

写真2 「寺社参詣」展示の全景

写真3 「祭礼・芸能」展示の全景

葉は、かなり戦略的に用いられていることが分かります。コーナーには富山の鱒《マス》寿司や奈良の柿の葉寿司など、各々の地域で近代以前から作られていた「食」を利用した弁当がみられます。ただその一方で、名古屋の味噌カツや宇都宮餃子のように、主に戦後になって普及してきた「食」も展示されています。ですからここでの「郷土」には、かつての民俗学が用いたような意味は込められていません。比較的閉鎖的な環境で歴史的にも変化が少なく、各々の土地の風俗・慣習を口伝えで親から子、そして孫へと伝承していく。そのような素朴で牧歌的な意味での「郷土」ではありません。この点については、あとで改めて考えてみたいと思います。

最後の「国際化する観光」は、これまでの展示とは少し異なります。このコーナーには他のコーナーのようなおみやげではなく、その代わりに日本各地の観光地のパンフレットや案内地図などが配置されています。パンフレットの多くは、英語と韓国語、そして中国語で記されています。少ないながらもフランス語などのヨーロッパの言語やタイ語などのアジアの言葉もみられます。ここで示されるのは、今日の観光のイメージが日本国内だけではなく、海外からの観光客の眼差しによっても形成されている、ということです。

以上の点を踏まえたうえで、おみやげ展示をすでにご覧になった方も、ぜひもう一度、閲覧していただきたいと思います。今回、この発表をすることが決まってから私は、都合六日間にわたって、展示室の方に足を運びました。一応、曜日を変えて各々一時間ほど観察を行いました。そこで分かったのですが、一分以上、このコーナーにとどまる方はほとんどおられませんでした。ごくたまに、「祭礼・芸能」のコーナーを指差して「この鳴子、わたし、持ってる」といってご覧になる方や、「平和学習」のところで原爆ドームや平和祈念像について熱心にご覧になられる方がおられたぐらいです。ほとんどの方は、何もない通路を進むように、そのまま次の中テーマである「開発と景観」のほうに引き寄せられていきます。確かに大きな展示ではありませんし、壁面に沿って配置しているため、奥行きのあるものも置けません。しかし、後ほど述べますように、そこにはいくつかの展示上の仕掛けや工夫が施されています。また、個々の展示のキャプション以外にも、コーナーごとにめくりが配されており、補足的な説明も行われています。それらを素通りしてしまうのは、第四室展示全体の理解のうえでも、少し残念に思われてなりません。そこでこれらの説明や解説なども考慮しつつ、展示の仕掛けを紹介していきたいと考えています。

そもそも、おみやげの展示が表しているものとは何でしょうか。このコーナーについては、次のような説明が行われています。

人びとは自分の旅の思い出として、また、帰りを待つ人に、その土地の物産をおみやげとして買い求める。現代のおみやげには、その地域の食文化・芸能・文化財などの民俗が多様なかたちで利用されている。いっぽう、どの地域にも共通する流行のキャラクター商品に代表されるように、商品開発・製造・流通には地域をこえた共通性も見られる。

つまり、このコーナーでは現代の市場経済社会のなかで、民俗文化がどのように利用されているかを考え、おみやげに用いられる「民俗」が、その地域の歴史的あるいは文化的な表象であることを確認しようとしているわけです。ここで重要な点は、これらのおみやげを自分たちの経験に引きつけて考えていただきたいということです。我々のほとんどは、今日、何らかの形で観光旅行を経験しています。さらに旅先でおみやげをみて回り、値踏みしたり、買ったりしている。このような行為は、完全に我々の観光の一部になっているわけです。そのような自分たちの経験を省みる場所としても、おみやげの展示をみていただきたいと思うわけです。

ただ一方で、分類基準自体については、先程もいいましたように赴任したときにはすでに決められていたものでした。それらの基準に一貫性がないとはいいませんが、複数の「まなざし」によって構成されているように見受けられます。例えば「沖縄」や「北海道」という分類は、日本の地域による分類です。他方で「社寺参詣」や「祭礼・芸能」は、旅の目的を主眼とした分類です。「産業」や「郷土食」といったカテゴリーは、その地域の特色そのものを示すものといえます。さらに一見、民俗学とはあまり関係のない「平和学習」というコーナーも存在しています。実はこれら複数の視点は、「おみやげ」に続く展示をみていくと、各々のテーマに沿って密接に関係するテーマであることが分かります。とりわけ、「『民俗』へのまなざし」の他のコーナーを考えるうえで、おみやげは重要なイントロダクションの役割を果たすのではないかと思うようになりました。

一　おみやげをめぐる分類

これらの問題を私なりに解釈しようと思い、昨年（二〇一二〈平成二四〉年）、刊行した総合誌『歴博』にまとめたときに、民俗文化についての三つの枠組みを提案しました。

最初が、「方便としての民俗」です。実は最初に考えついた言葉が「補完としての民俗」だったので、少し強引に「ほ」でまとめてしまいました。その意味でやや無理矢理な感は否めません。最初の「方便としての民俗」は、近年の民俗学でいうところのフォークロリズムという術語に当てはまります。これは、民俗の二次的な利用ともいわれる事象を示しています。村や地域社会で行われていた芸能や祭りを、観光客を観衆として舞台の上で演じる場合や、かつては村のなかやそれぞれの家で作られていた民具や、家々で食べられていた料理が、工場で大量生産され、スーパーやコンビニで販売されている、そのような状況をさす言葉として用いられています。つまり、もともとの「民俗」が近・現代的な社会変化のなか、以前とは異なった文脈で利用され、場合によっては文脈に合わせて再創造される現象をさしています。もちろん、この本来の「民俗」とは何か、という大きな問題があるのですが、今日、この問題については考えないことにしておきます。

ただ、そのような状況をしてフォークロリズムと考えるならば、これは確かにおみやげの多くに当てはまるものです。

二番目の「補完としての民俗」とは、かつての民俗学が十分に対象化しえなかった領域をここに表象していくものです。実はこれはおみやげのコーナーだけではなくて、「『民俗』へのまなざし」の多くの場面に顕著にでてくる問題意識です。例えば、近代的な技術に支えられた鉱工業というものは、民俗学ではほとんど扱われませんでした。同様にアイヌ民族についても、初期の金田一京助のような人たちをのぞくと、民俗学周辺では扱われてきませんでした。私の専門は文化人類学なのですが、アイヌ文化は、むしろ文化人類学や社会学の研究者によって対象化される傾向にあります。柳田国男も『遠野物語』の頃は、東北の地名とアイヌ語との関連に注意を払っていたのですが、日本人を稲作農耕民と位置づけた固有信仰論以後は、彼らの文化や社会を民俗学の対象から排除していくことになります。端的にいってそれらは「日本文化じゃない」ということなのでしょう。そのようなものをしっかりと対象化し、民俗学のなかにもう一度捉え直していくことで、学問的な「補完」を遂行していかないといけないと考えているわけです。

最後に、「本地としての民俗」という言い方をしました。これは教科書的な学問理念に基づくものです。すなわち、民俗学というのは、日本人の多数派が経験した直近の過去についての営みを究明する学問である、と捉えられています。

もともと「本地」とは、「本地垂迹説」という仏教用語に由来します。日本では中世の頃にこのような考え方が確立していきました。本地垂迹説によると日本の八百万《やおよろず》の神々は、仏典に現れる如来や菩薩が人々を救うためにとった仮の姿であると解釈されます。ですから、如来や菩薩が「本地」であり、日本の神である天照大御神や八幡神などが「垂迹」であると捉えられます。転じて「本地」とは、何らかの事物の本来の姿といった意味で用いられるわけです。「本地としての民俗」で意図するところは、民俗学の本来の姿、本当の目的といったことを示唆しています。その数少ない具体的な成果として私が想定するのは、柳田国男の『明治大正史 世相篇』になります。

残念ながら、柳田に続く研究は近年までほとんどみることができなかったのですが、学問的な理念としては、この多数派が経験した過去の解明という教科書的な位置づけは、民俗学者にも膾炙しているものだと思います。そして、毎年何千万人の日本人が経験する観光という、現代で最も大きな産業の一つは、民俗学の対象にならざるをえないと思われます。ごく素直に教科書的に捉えればそうなっていきます。けれども、その内実は、かつての民俗学が研究してきた分野とは大きく異なるでしょう。

以上に述べた民俗文化の領域とこれまでの「民俗」との関係を図式化したものが図1になります。ここでは、四つの象限に既存の民俗学が対象としてきた「民俗」と今まで説明してきた三つの特質をまとめてあります。便宜上、左上にこれまでの「民俗」を位置づけました。

この各々の関係性については、民俗の「外延」と「内包」という概念で分節化しています。外延と内包といっても聞き慣れない言葉だと思います。ここで「民俗の内包」という場合は、「民俗」とはどういうものであるのか、どのような属性を示すのか、に対する回答であるとお考えください。つまり、「民俗」は「三世代以上にわたって継承されるものである」とか、あるいは「特定の地域や集団によって担われる慣習的な実践である」とか、もっと端的に「類型性」や「持続性」を持つといった属性に関わるものです。より通俗的な「日本人の古きよき伝統」や、「現代の日本人が失ってしまった心のふるさと」といった観念もこれらの内包に含まれています。

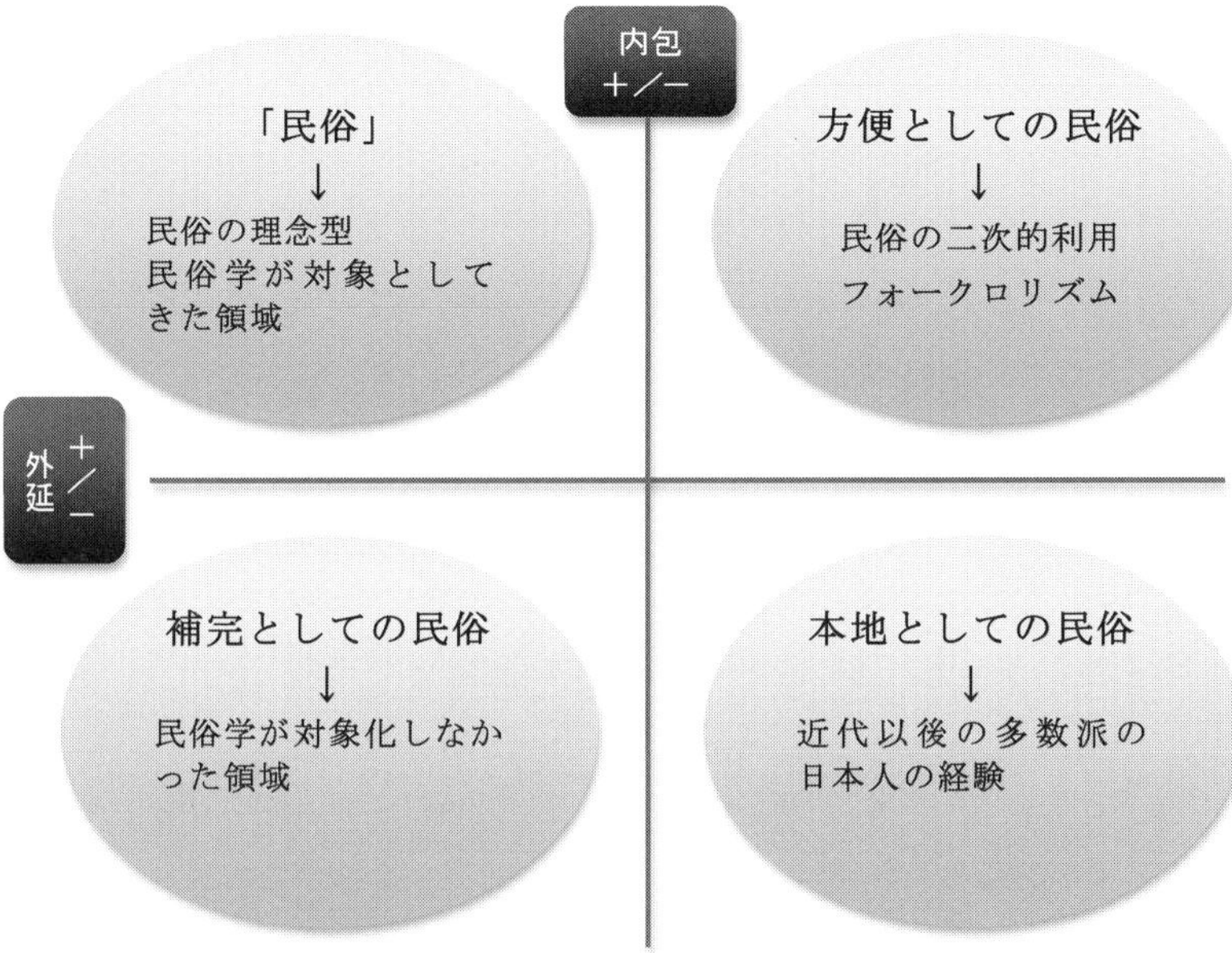

図1　民俗文化をめぐる諸相

他方で「外延」とは、ここでは「民俗」のサブ・カテゴリーであると捉えておきます。すなわち、民俗学の事典や教科書にでてくるような「家族・親族」「年中行事」「通過儀礼」「伝説と昔話」といった具体的な項目になります。このような教科書の目次にでてくるようなカテゴリーを「民俗の外延」と呼びたいと思います。この外延と内包に関してどのような関係にあるかで、この図の関係性を整理することができます。

いうまでもありませんが、かつての「民俗」は外延と内包の両面で兼ね備えていたわけですから、図にあるように＋＋で表しています。もっともこれはあくまで概念的位置づけであって、時代をさかのぼった古《いにしえ》の「民俗」が全てこうであったというわけではありません。

次に右上の象限、こちらは、「方便としての民俗」になります。これは形態としては、地方の祭りや民俗芸能であったり、伝統性を強調する食事であったりという点で、外延としての「民俗」をかたどってはいます。しかし、その内実では、近年に大きな変容を受けていたり、場合によっては新たに創出されていたりするという点で、内包からは逸脱しているようにみえます。要するに内実はすでに決定的に変容してしまったけれども、外面というか、表象のレベルにおいては「民俗」らしさを保っている。その意味で「方便としての民俗」は、＋－になります。

次に左下の象限、「補完としての民俗」は、いずれも既存の民俗学がほとんど取り扱ってこなかったという点で、その外延に含まれていません。一部の例外をのぞいて近代産業の研究やアイヌ文化についての研究はほとんどないといっていいでしょう。けれども、ここで展示されている炭鉱を生業としてきた社会では、鉱山内での作業についての知識や技能の多くを身体的なレベルで習得してきました。また、彼らの社会にもコミュニティーとしての行事や制度が浸透していました。つまり、近代以後に成立した社会ではあるけれど、そこでの生活の端々には民俗学の内包に適合的な慣習的な実践をかいまみることができるのです。

また、北海道のアイヌ民族は、日本とは異なった民族集団ではあるけれど、文字によらない彼ら独自の言語を持ち、熊送りに代表される信仰儀礼を有しています。その他に彼らの神話であり昔話でもあるユーカラや種々の踊りや芸能、アットゥシなどの衣料などもよく知られています。近代以後の日本国家の「植民地政策」によって、多くの文化が失われてしまいましたが、近年の文化復興プロジェクトによって言語や物語、芸能などの継承がはかられつつあります。このように炭鉱社会やアイヌの民族文化は、既存の民俗学の外延からは排除されてきたわけですが、それらの文化的な特質は、「民俗」の内包によって定義されるものと多くの部分で重なるわけです。そういう意味で、この左下の象限は、－＋になるわけです。

最後に右下の象限ですが、ここには二重の意味で民俗からは逸脱した存在が位置することになります。しかし、すでに述べたようにここでは、民俗学が公準ともしていた「多数派の経験」という点に注目したいと思います。かつての民俗学が農山漁村を主要な研究対象としたのは、それが、当時の日本における多数派《マジョリティ》だったからです。日本人の多数派の生業は一次産業だったからこそ、彼らの生活とそこで育まれた文化が注目されたのです。それらを総称して民俗とか民間伝承と名づけ、その歴史的、社会的な背景を明らかにすることが、日本社会や文化を明らかにすることであると捉えられていたわけです。

けれども、高度経済成長期以後、日本の産業構造は完全に変容し、かつての多数派も少数派に転じています。逆に多くの日本人は第三次産業に従事し、現代的な都市生活を享受しているわけです。私が『明治大正史 世相篇』を評価するのも、柳田が自らの都市での経験を参照しながら、多数派となりつつある都市人の経験と記憶を明らかにしようとしていたからです。そのような多数派の経験を重視するならば、ここで示してきた観光旅行とおみやげの購入は、それ自体が民俗学の対象として捉えるべきであるとさえいえるでしょう。『観光白書』によれば、戦後、観光旅行の機会は増え続けてきました。二〇世紀の終わり頃には、国民一人当たりで約三日間の観光旅行を経験している計算になります。バブル崩壊以後の不景気やデフレの影響で、平均値はやや減少していきますが、それでも一人当たり二日以上は、観光している計算になります。これだけの期間にわたり、多くの日本人が経験してきた社会的な実践を研究の対象としないわけにはいかないでしょう。このようにかつての民俗学の外延と内包の双方から逸脱しているにもかかわらず、社会的な変化のなかで新たに浮上してきたテーマとして、左下の象限を捉えることができるかと思います。

これらの象限に配置した三つの枠組みによって、既存のおみやげの位置づけはほぼ可能だと考えています。すでに述べた「郷土食」の多くはフォークロリズムとしての「方便としての民俗」に含まれるでしょう。同じく「祭礼・芸能」や「社寺参詣」についてもここに含まれるおみやげが多いかと思います。それに対して「産業」や「アイヌ」は、

「補完としての民俗」から捉えていけばよいかと思います。最後に「平和学習」は、多数派の経験としての「本地としての民俗」まで領域を広げることで、民俗学の視座に再配置することが可能だと考えました。

二　現地で見いだしたカテゴリー

私としては、以上のような枠組みで、展示のカテゴリーとその内容については、納得したつもりでした。ところが、いざおみやげを集める段になると、逆にあの展示の分類コーナーには当てはまらないおみやげがたくさんでてきたのです。それを少しみていきたいと思います。

そもそもおみやげを収集していくうえで、二つ困ったことが起きました。最初の問題は、収集のための手段の困難さがあります。といっても希少なおみやげで入手が困難であるといったことではありません。むしろ、本当は全く逆なのです。全国の大抵のみやげもの屋をのぞけば一目瞭然なのですが、おみやげの大半はお菓子を中心とした食べ物なのです。

最近、鈴木勇一郎さんという歴史学者が、『おみやげと鉄道』（講談社、二〇一三）という本をまとめられました。彼はその本で、近代日本の交通網の発達が、おみやげの展開と創造に複雑に関わっていた経緯を紹介しています。彼も日本のおみやげの特徴として、その多くを食べ物が占めていることを指摘しています。しかし、食べ物がおみやげの中心を占めるようになったのは、決して古いことではありません。それらの多くが普及したのは、近代以後になってからのことであると鈴木さんは記しています。

食べ物のおみやげが近代になってから発達してきたという点は、少し考えれば納得できると思います。近代以前の交通手段では、短期間での移動はできません。また、あまりかさばるものを持っての移動も困難です。今日のような冷蔵・冷凍設備も整っていないため、日持ちのしない生の食べ物をおみやげにすることは不可能でした。民俗学者の神崎宣武さんも書かれているように近世の旅のおみやげは、楊枝やクスリなどの携帯が可能で日持ちのするものだったと言います。

もちろん、各地で名物とされるお菓子や食べ物は、江戸時代から産みだされてきました。これらの名物はあくまで旅の目的地で食べるためのものでした。しかし、近代になり鉄道を中心とした交通網が発達し、保存技術も向上してくると、これらの名物がおみやげとして購入されるようになっていったようです。

鈴木さんはもう一つ、重要な指摘を行っています。それは日本と西欧でのおみやげを購入する目的に違いがあるという点です。西欧では、おみやげは旅行者みずからが旅の記念として購入する傾向があります。記念物である以上、それらは食べ物よりも装飾や実用に適するもの、あるいは各々の趣味やこだわりに沿ったものが選ばれることになります。価格的にもやや高価なものを購入することが多くなります。それに対して日本のおみやげは、購入する本人ではなくて、その家族や友人、会社の同僚などに贈るためのものだといいます。自分が楽しんだ旅のお裾分けといった意味合いもあるのでしょう。あくまでお裾分けですから、それほど高価ではなく、旅をした地域の特徴が伝わるお菓子などが購入されるわけです。

しかし、ここで最初の困った点が表面化します。基本的に食べ物のおみやげを公費で買うことはできないのです。今述べたように、食べ物が日本のおみやげの現代的な展開を示すものであり、それらの表装やデザインが展示に適していたとしても、多くの人はその中身にお金を支払ったと考えます。食べ物として消費されるものに公費は出せないというわけです。そのため、これらのおみやげについては、自腹で可能な限り、コツコツと集めていくしかありませんでした。お笑いになるかもしれませんが、私のポケットには大きすぎる負担でした。

もう一つ、困った点があります。食べ物以外のおみやげを購入しようとしても、既存のカテゴリーに対応するおみやげは、とても少ないことに気づきました。店や地域によってはほとんどのおみやげが、購入の対象から漏れ落ちてしまうこともありました。これは仕方のないことかもしれません。ただ、あちこちの観光地をみていくと、複数の場所で同じようなカテゴリーに括りだせそうなおみやげがあることに気づきました。つまり、既存のコーナーの枠組みを取り外してみると、むしろ非常に興味深い傾向や特色を持つカテゴリーを措定できるのではないかと考えたわけです。

例えば、先史時代の遺物や遺跡に関わるような様々なグッズ、おみやげというものが存在します。具体的には縄文や弥生時代の土器や土偶、古墳時代の青銅器や鉄器などの複製やイメージがおみやげに用いられています(写真4)。私が実際にみたものとしては、新潟県の長岡市の火焔土器などがありました。また、ネット上で確認したところでは、火焔サブレというお菓子にも土器のイメージが用いられているようです。

青森に行くと有名な遮光器土偶に関するおみやげがあります。また、出雲を中心とした山陰地方では、銅鐸や銅矛など考古遺物にちなんだおみやげが数多く見受けられます。さらに奈良県では、土偶などの他にキトラ古墳、高松塚古墳の壁画を用いたマウスパッドやクリアファイルなども販売されています。国レベルの文化財に指定されている考古資料の多くは、様々な形でおみやげに利用されていると考えてよいでしょう。

また、「社寺参詣」と同じくらい重要な観光資源として、「城郭建築」を忘れてはいけないと思います。城郭の多くは観光地を代表するだけでなく、それぞれの地域にとってのアイデンティティにもなっています。ですから、名古屋城や大阪城のように大部分が戦災で失われて、近年になって再建されたものであっても、多くの人々の関心をひき、観

写真4　考古資料にちなんだおみやげ（左上は「土偶キューピー」、左下は「はにわキューピー」、右下は布製の「銅鐸ストラップ」、上の段、右より「金印ストラップ」「鬼瓦ストラップ」「銅鏡ストラップ」）

光地として成立している所が少なくありません。もちろん、近代以前の城郭建築が残っている姫路城や彦根城であれば、建物自体は国宝や重要文化財に指定されており、地域をこえた「日本文化」の象徴と捉えられることもあります。実際、姫路城は、奈良の法隆寺とともに日本で最初の世界文化遺産に登録されたことは周知の通りです。

これらの城郭を中心とした観光の場においては、当然、それらにちなんだ多くのおみやげが販売されています。例えば、姫路城の土産物屋には天守閣のストラップやキーホルダー、姫路城の湯飲み、コースター、お菓子類の他に、姫路城のゆるキャラ「しろまるひめ」に関するグッズが販売されています。また、ゆるキャラで思い出されるのは彦根城の「ひこにゃん」です。こちらの方が全国的な知名度は高いかもしれません。もちろん彦根城でも、キャラクターのグッズ以外にもキーホルダーやストラップなど古典的なおみやげの多くをみることができました。この他にも長野県の松本城、熊本県の熊本城などでも数多くの城にちなんだおみやげが販売されていました。

次に複数の場所で自然や生態、景観に関するおみやげを目にする機会がありました。このようなおみやげは、「北海道」の一部や「『民俗』へのまなざし」の別のテーマでみることができるのですが、一つのカテゴリーとして意識されるようには配されていません。展示の配置をめぐっては、後でまたお話しますが、「自然」というカテゴリーについて考えておく必要があると思いました。

「自然」のカテゴリーでもっとも分かりやすいものは、山海の自然資源そのものを、商品として販売する形態です。植物や動物、鉱物や水、珍しいところでは、ある観光地の空気を詰めた「缶詰」などもこの範疇に入るでしょう。次にこのような特定地域の自然資源を加工したおみやげも数多く存在します。第四室の「開発と景観」のコーナーで紹介されている屋久杉を使った工芸品などは、その典型的な事例になります。その他に特定の地方の素材を用いた食べ物も、このカテゴリーに入ります。さらに自然資源の形態や特徴、場合によっては名称やイメージを流用したおみやげもあります。

自然資源の代表の一つとしてマリモをみたいと思います。マリモは主に北海道の阿寒湖に生育する淡水性の藻の仲間です。阿寒湖のマリモは、文字通り球形に成長することを特徴としており、一九五二(昭和二七)年に国の特別天然記念物に指定されています。この阿寒湖周辺は、雄大な自然景観とアイヌの伝統芸能を中心とした観光地が形成されています。地域の土産物屋には、カップなどに入ったマリモが盛んに販売されています。ちなみにおみやげとして売られるマリモは、人工的に作られたものです。材料となるのは阿寒湖ではなく、主に釧路のシラルトロ湖のマリモを人の手によって丸くしたものなのです。ちなみに「北海道」のコーナーには、マリモをかたどったいくつかのグッズが陳列されています。

同様に自然資源として沖縄の星砂もあげておきましょう。これは有孔虫という原生動物の仲間の外殻です。殻から突起がでており、星のようにみえることからこの名前があります。南西諸島のビーチなどでは普通にみられたようですが、「乱獲」のために激減してしまった浜も多いようです。沖縄ではこれらの星砂に加えて南島独特の貝殻などもセットで販売することも多いようです。

写真5　カブトガニセット（饅頭、最中、せんべい）（http://www.otoriyose.net/kuchikomi/item/1539）

その他に自然のイメージを流用したものとして、少し異色なものを紹介しておきます。一つは福井県で販売されている「化石せんべい」です。中身は普通の卵せんべいのようですが、表装に恐竜の化石がプリントされているのが特徴です。ご存知のように福井県は、イグアノドンの仲間をはじめとして、複数の恐竜の化石が発掘されています。それらの自然資源を活かして、二〇〇〇（平成一二）年には、『福井県立恐竜博物館』が建てられました。化石や希少な鉱物類に関心を持つ人は多く、なかには化石そのものもおみやげとして販売されています。その延長上で化石のイメージが、このような形で利用されているわけです。『福井県立恐竜博物館』のインターネットのミュージアムショップのページをみると、恐竜をデザインした各種のおみやげをみることができます。

もう一つだけ、こちらはかなりインパクトがあるのですが、インターネットでみつけた「カブトガニ饅頭」です（写真5）。これは、岡山県笠岡市の和菓子屋さんの名物のようです。饅頭にも大小があり、他に最中やせんべいも商品化されていました。ちなみにカブトガニは、瀬戸内海や九州の一部の沿岸部に生息する節足動物の仲間なのですが、生息域の開発のために個体数は激減しています。そのため、各地で天然記念物に指定されるとともに、いわゆる環境省のレッドデータブックにも掲載されています。

もっともカブトガニの生態について、私はほとんど知りませんでした。カブトガニの血液は生きている状態では白いらしいのです。それが空気に触れると酸化して緑色になるそうです。緑の血というのもちょっと嫌な感じですが、この「カブトガニ饅頭」はその血の色を忠実に再現するために、中身は抹茶餡になっているそうです。ディテールにこだわった形状のリアルさと光沢をおびた褐色の表面だけでもすごいと思うのですが、なんと内部の特色まで再現しているわけです。まさに、こだわりの一品ですね。

ここで一つ、注意しておきたいのは、これらの「自然」というカテゴリーは、非常に「文化」的な存在であるということです。マリモやカブトガニでも顕著なように、おみやげになる自然資源の多くは、天然記念物のような文化的な価値づけが行われています。あるいは「国立公園」や「絶滅危惧種」なども自然資源の価値を発見する制度の一環であるといえるでしょう。「自然」といっても人びとに見いだされ、意味づけられることではじめて、それらを鑑賞したり、交換したりする価値が付与されることになるわけです。

また、東北地方のいくつかの町を訪れたときに、いわゆる郷土玩具と呼ばれるおみやげに気づきました。例えば、岩手県の盛岡に行くと「チャグチャグ馬コ」が売られ、福島県の会津では様々なサイズの「赤べこ」が店頭に並んでいました。しかし、この種のおみやげを置くカテゴリーが、おみやげコーナーには見当たりません。これは、「民俗学なのにどうしてないの？」といわれそうな事態です。この他にもだるまやこけしなど郷土玩具に含まれるおみやげは全国に分布しています。これらは歴史的な伝統を持つだけでなく、なかには、民間信仰とも関連づけられるものもみられます。鴻巣《こうのす》人形(埼玉県)などのいわゆる「赤物」は、江戸時代から子供の疱瘡《ほうそう》除けの郷土玩具として受容されてきました。その意味では民俗学が得意とする分野ですが、このコーナーでは、そのような伝統的なおみやげからは、基本的には距離をとっているようにみえます。

また、駅のみやげもの屋などで気づいたのですが、旅の手段である鉄道に関するおみやげ売り場というものが存在します。そこでは新幹線を始めとして種々の電車、場合によっては蒸気機関車の模型やそれらのデザインを流用したグッズ、弁当なども販売されています。そこで空港でも注意してみると、こちらにも飛行機の模型やそれらをかたどった様々なグッズが販売されていました。つまり、我々を旅に連れていく交通手段である乗り物が、旅の記念としてのおみやげになることがあるわけです。実際、鉄道好きの人たちはかなりの数にのぼります。彼らにとっては特定の路線や列車に乗車すること自体が、旅の目的になるわけです。鉄道、飛行機の他に自動車などに関しても、おみやげになっているものがあります。交通を移動の手段としてやや広く捉えるならば、先端産業である宇宙産業に関する観光も、これらのカテゴリーに含めることができるでしょう。写真6は、筑波にある『宇宙センター』内のおみやげショップで私が購入したものです。

写真6　JAXA(宇宙航空研究開発機構)ロゴ帽子

三　推論によって見いだされたカテゴリー

先程は、現地に行って気づいたおみやげのカテゴリーでした。次に具体的なおみやげを参照しつつ、推論によって思い至ったカテゴリーについて紹介していきましょう。要するに頭のなかで「このおみやげがあるなら、あんなおみやげはないのかな」とか、「このカテゴリーでまとめるのなら、反対のカテゴリーもあるのではないか」と色々と考えていったわけです。

簡単な事例として「産業」のコーナーをみてみましょう。ここに陳列されているおみやげのカテゴリーには、かなり偏りがあるようにみえます。ないものねだりになってしまいますが、ここには陶磁器やガラス細工に関わるおみやげがほとんどありません。陶磁器については、よくみるとそれらしきモノがみつかりますし、第四室の三番目の大テーマ『くらしと技』のなかで、様々な陶磁器が、各々の地域の特色と歴史的変遷を交えて紹介されています。ですから、そこには戦略的な意図を感じることができるのです。けれども、ガラスについては、最後まで出てきません。しかし、日本でも近世にはガラス製品が生産され始めています。江戸後期には鹿児島や東京などでは高度なガラス細工が生産されていきました。これらの地域では、現代に至るまで改良が重ねられ、かなり高価な特産品として流通しています。いわゆる薩摩《さつま》キリコや江戸キリコと呼ばれているものです。

他方で北海道の小樽市では、小樽ガラスがおみやげとして流通しています。こちらは、キリコほどの伝統はありませんが、その独特の展開には興味がそそられます。もともと小樽では、漁業で使うガラス製の浮子《うき》が生産されていました。ところが、一次産業である漁業が徐々に衰退していき、浮子の需要も減少していきました。それと反比例するように運河などの都市景観を呼び物にした観光が本格化していきます。このような状況のなかで、それまでの浮子のガラス生産の技術を活かして、観光客用の生活用具としてのガラス製品が生産されるようになります。これが今日の小樽を代表するおみやげ、小樽ガラスのブランド化へとつながっていったわけです。基幹となる地域の生業の変遷とそこで応用された技術による新たな商品展開という意味で、小樽ガラスは、非常に重要なおみやげの一つとして位置づけられると思います。

あるいは「産業」には、友禅やかすりなどの衣料に関わるものおみやげがありません。これは、「『民俗』へのまなざし」だけではなく、民俗展示全体にいえることかもしれませんが、概して衣料に関わる展示が少ないように思われます。通過儀礼でのハレの衣装や東北のまたぎの装束など、興味深いものも散見できるのですが、素材や用途を含めて衣料それ自体に注目した視点は希薄なのではないでしょうか。これは、展示を行った当事者からの反省も込めてですが、そのような気がいたします。

次に「スポーツ」に関わるおみやげについて考えてみたいと思います。近年では、サッカーのワールドカップの応援やアメリカのメジャーリーグの観戦ツアーなどもすっかり定着したようです。そのような海外に限らず、国内においてもスポーツを目的とする観光は盛んに行われています。このスポーツ観光については、大きく二つの傾向に分けることができそうです。一つは、プロ野球やJリーグに代表されるような観戦を主とするスポーツへの観光の形態があります。これらは基本的には都市部で開催されます。開催されるごとに何千人、何万人という人が移動していきます。観戦型のスポーツでは、各々のチームや有名な選手にちなんだおみやげが販売されます。購買者はチームのファンが圧倒的に多いわけですから、ファンとしての一体感を表象しうるものであれば、様々なグッズがおみやげとして販売されることになります。

写真７　阪神タイガース関連グッズ（左、トラッキーぬいぐるみ。右、タイガース灰皿。後ろ、タイガースタオル）

写真７は私個人の阪神タイガース関連のグッズです。とりあえず、手元にあるものを集めてみました。タイガースのグッズの場合、本家である甲子園球場の周辺だけでなく、阪神百貨店や大阪の主要な駅の構内などでも販売されています。試合の観戦に行かなくてもこれらのグッズをおみやげとして購入する人たちも少なくないということでしょう。程度の差はあるものの同じ傾向は、他のプロ野球チームやＪリーグにもみられることです。

もう一つは日本各地で行われるマラソン大会や駅伝、あるいはロードレースなど、参加を主とする観光の形態があります。参加型のスポーツ大会は、決して過小に評価されるべきではありません。実際、マラソン大会だけで参加者が一万人を超える大会が全国に何十とあります。圧倒的な参加人数を誇る大会のいくつかは、東京や大阪といった大都市圏で行われています。しかし、地方都市や沖縄のような遠隔地であっても、多くの参加者が集まる大会が挙行されています。

これらの大会でも各々の記念となる個性的なおみやげが存在することを、ネットの上でも確認できました。大会のロゴやコースをプリントしたＴシャツやタオルなどは、かなり定番化しているようです。大会名称やイメージを流用したお菓子や飲料なども販売されています。なかには大会コースの風景を撮影したＤＶＤなどもみられました。

「スポーツ」以外にも、音楽や芝居、映画などの芸術関係のイベントに関するおみやげもあるはずです。ロックフェスや映画祭なども、その多くの会場が都市部に偏る傾向があります。何といっても都市部は集客力が大きいですから。けれども、延べの参加者が一〇万人を超えるフジロック・フェスティバル(新潟県湯沢町)に代表されるように、地方でもこれらのイベントが行われるようになりました。すると、これらのイベントに訪れる観光客に対して、CD・DVDなどはもちろん、イベントの記念となる多くのおみやげが販売されていると考えられます。

「スポーツ」や「音楽・芸術」に関するおみやげを思いついたのは、「祭礼・芸能」のおみやげの収集品がヒントになっています。YOSAKOIソーランや阿波おどりなどの近代に生まれたイベントは、参加型であることに一つの特徴があります。とりわけ、ソーラン系のイベントでは、日本各地、場合によっては海外からも、イベントに参加するチームが散見されます。もちろん、純粋に観客として芸能を鑑賞する人も多いのですが、踊り手の他にチームをサポートしたり、応援したりする膨大な層が存在しています。このようなイベントへの参加を目的とした観光は、北海道や沖縄に行ってマラソンや駅伝を走ったり、トライアスロンに参加したりすることと構造的に近いのではないかと考えました。彼らはともに自分たちの身体的な経験とそれを表現できる場所や空間として、各々のイベントを選びとり、その土地を訪れているわけです。

今度は既存のコーナーではなく、前節でみた「自然資源」に関する観光の派生形について考えてみましょう。そこではエコツーリズムやグリーンツーリズムと呼ばれる旅の形態を想定できます。エコツーリズムは、国立公園、天然記念物などの自然環境や生態系への理解と交流を積極的に推し進めた観光をさします。対象は純粋な自然環境だけでなく、そこで暮らす人びとの生活文化を学ぶことも含まれます。グリーンツーリズムもそれに近い考えですが、農山漁村といった一次産業に従事する生活に触れるというニュアンスが強くなります。地方の農業や漁業に自分たちが参加したり、様々な生業の知識や技術を学んだりする体験型の観光です。近年、注目されている「文化的景観」とも密接に結びついた観光の形態です。

特定の観光の形態が生まれると、必ずそこに新たなおみやげが作られることになります。その一つの事例として石川県輪島市の白米《しらよね》千枚田について紹介しましょう。ちなみにこの千枚田は、二〇〇一（平成一三）年には国の名勝に指定され、二〇一一（平成二三）年には、「世界農業遺産」に認定された「能登の里海里山」を象徴する風景としてもクローズアップされました。文化資源としての知名度があがると、ますます観光資源に利用されるようになりました。写真8は、千枚田の横に建てられた道の駅で購入したおみやげです。「世界農業遺産」に認定された景観や行事が描かれていますが、景観の中心は、「白米千枚田」に他なりません。これ以外にも棚田の絵はがきやペン立てなど、多くのおみやげが販売されていました。しかし、この棚田をめぐるグリーンツーリズムはもっと別の展開を遂げつつあります。

現在、この千枚田では「棚田オーナー制度」が輪島市によって運営されています。これは大型機械を導入できない棚田での農作業を維持するための試みで、オーナーはインターネットなどを通じて全国から募集されています。もともと棚田を所有していた複数の農家は、高齢化や人手不足のために農作業を維持していくことが困難になっていたのです。棚田のオーナーは、水田の維持のために一定の金額を支払い、田植えや草取り、そして稲刈りなどの作業に参加する必要があります。その見返りとして棚田でとれたお米や地元の山菜をもらうことができます。つまり、このグリーンツーリズムの場合は、自分たちが育てたお米こそが、最高のおみやげということになるでしょう。

また、「人物」という範疇も考えられます。この場合の人物の多くは歴史的な存在ですが、時代や人となりは実に様々です。有名なところでは、織田信長や武田信玄、伊達政宗などの戦国大名、坂本龍馬や西郷隆盛、高杉晋作などの幕末の志士などは、各々のゆかりの地で重要な観光資源となっています。あるいは、明治以後の政治家や軍人、文豪や芸術家といった人たちについても、彼らに関連する施設やモニュメント、景観などが観光対象となっています。つまり、当人たちの生家(跡)や邸宅(跡)、あるいはその事績を紹介する記念館や墓地の他、戦国大名なら合戦跡、文人や芸術家なら各々の作品に関連する景観などを目的として、人々が訪れることになるわけです。そういえば民俗学の父、柳田国男も、生地の兵庫県福崎町の他に、岩手県の遠野市、宮崎県椎葉村など複数の場所で、地域とのつながりが紹介され、その事績が顕彰され、観光資源に利用されています。私は確認していませんが、国男饅頭の一つくらいは、どこかで販売されているのかもしれません。

ただ、私が調査を始めて興味深かったのは、これらの人物に関わるおみやげにはかなりの流行り廃りがあり、その

写真8　白米千枚田の景観を描いたせんべい（他は能登のキリコ祭り、穴水湾のボラ待ち、トキ、揚げ浜塩田）

写真9　黒田官兵衛にちなんだおみやげ

ような流れを促進するのは、しばしばマスメディアによるところが大きいということです。例えば、写真9は九州の大名、黒田官兵衛にちなんだおみやげです。同様なおみやげとして福島県の会津に行くと、新島八重《にいじまやえ》をキャラクター化したおみやげに数多く出合いました。八重は二〇一三(平成二五)年のNHK大河ドラマ『八重の桜』のヒロインであり、官兵衛は同じ大河ドラマで二〇一四(平成二六)年に放映される『軍師官兵衛』の主人公になります。地元でも、このようなドラマ化に合わせて、様々なイベントが催され、そこで多くのおみやげが商品化されることになります。

そして、このマスメディアによって生み出されるイメージ戦略によって、実在しない存在さえもが観光の対象となり、それらを流用したおみやげの創造を促すことになります。例えば、『伊豆の踊り子』や『金色夜叉』のような芝居や映画にもなった文芸作品については、各々の舞台となった地で、おみやげが作られてきました。あるいは、映画の『寅さん』シリーズに関するおみやげは、彼の生国《しょうごく》の東京葛飾区の柴又では、とてもポピュラーなものの一つです。さらに近年、非常に盛んになりつつあるのが、「聖地巡礼」とか「N次観光」と呼ばれる観光のなかで流通しているおみやげの存在です。これは巡礼といっても宗教的なものではありません、人気マンガやアニメーション、いわゆる二次元の作品のなかに登場したり、物語の舞台とみなされたりした場所にファンが訪れる観光のことをさします。

このような「聖地巡礼」が一般に注目されるようになったのは、『らき☆すた』の舞台とされる埼玉県久喜市にある鷲宮《わしのみや》神社にアニメファンが殺到したことがきっかけとなっています。このアニメが放映されたのは二〇〇七(平成一九)年からですので、主にはそれ以後の現象でしょう。もちろんそれ以前から、アニメや漫画の舞台への関心は、コアなファンの間で話題になっていました。しかし、今日のような広がりをみせるようになったのは、この『らき☆すた』以後であると考えていいと思います。また、これ以後、各地の地域振興のメディア戦略として、積極的にアニメの舞台であることをアピールしたり、最初から物語とタイアップして観光キャンペーンを行ったりする地域も頻出することになります。これらの地域では、アニメの主要なキャラクターと地元の文化資源をセットにしたおみやげが次々に商品化されています。これらがある程度の持続性を持つものか、一過性の流行で終わるものかは、今後注視していく必要があります。

キャラクターという点でいえば、最近、流行しているのがいわゆる「ゆるキャラ」と呼ばれるご当地キャラクターです。すでに紹介した「ひこにゃん」をはじめ、「くまもん」「バリィさん」といったゆるキャラは、一地域を超えた人気を獲得しつつあります。全国的なイベントとしてゆるキャラ選手権という大会が行われており、それに入賞すると大変な経済効果が生まれてくるわけです。おみやげを考えるうえで、このようなキャラクターの存在は無視できません。展示コーナーでもキティやキューピーなどのストラップやキーホルダーは、カテゴリーを横断して展示されています。有名なアニメキャラがアイヌの伝統衣装を着ているおみやげもみることができます。しかし、ゆるキャラに関してあまり紹介されていないのは、少し問題かもしれません。もっとも、キャラクターの概念を広げていくと、例えば千葉の巨大テーマパークにいるキャラクターたちを、どう考えるのかといった難しい問題もあります。これらの点は、展示上の課題として改めて検討しないといけないでしょう。

少し、視点を変えましょう。エスニック・マイノリティ、つまり少数民族としてアイヌの文化を取り上げるなら、どうして在日朝鮮・韓国の文化が紹介されないのか、と問うこともできます。実際、人口的には在日朝鮮・韓国人の数が、日本では一番多いことになります。正確な人数は把握していませんが、すでに帰化した人や特別永住者を含めると七〇万人を超えると考えられます。彼らの民族文化や社会構造などについては、社会学や文化人類学が、様々な角度から研究を行ってきました。しかし、これも「補完」、あるい「本地」としての視点から民俗学が取り上げなければならないテーマだと思います。実際、大阪の鶴橋周辺や東京の新大久保などに行くと、商品化されたコリアン文化に出合うことができます。これらの地区では、韓国料理店や韓流スター関係のグッズとともに、チマ・チョゴリなどの民族衣装、キムチやトックなどの食材の店が軒を連ねています。

同じように神戸や横浜の中華街についても検討すべきではないでしょうか。これらの中華街に行けば、肉まんや月餅などの各名物の他に、豆板醬やオイスターソース、XO醬などの調味料や、フカヒレや干し海鼠などの高級食材が販売されています。雑貨店に行けば、チャイナドレスや螺鈿細工、白檀製の家具などが目につきます。これらは必ずしも、中華街に限定される商品ではありませんが、それでも民族集団の文化を表象するものとして人気のある商品になっています。

展示できるかどうかという点は保留すると、セクシャルなイメージをともなうおみやげも少なからず商品化されています。写真10の右側は北海道のおみやげで「おっぱいど〜?」といいます。これはセクシャルなおみやげのなかで比較的メジャーなもので、新千歳空港のショップでも売っています。この製造元はあの「まりもっこり」と同じ会社です。要するに駄洒落と下ネタというかなりレベルの低い親父ギャグの組み合わせで作られたキャラクターが、思いのほかヒット商品になってしまったという事例になります。ちなみに写真の真ん中は大分の別府温泉で買った耳かき、左側は沖縄の石垣島で買ったハブエキス入りの黒糖菓子です。蛇やウナギのエキスが入ると、精力剤のニュアンスが加わるようです。その他に温泉地などではよくみかけたのですが、お湯をかけると服が透けてしまう手ぬぐいや湯のみの類が、今もみられます。同じ温泉地には、最近はあまりみかけない「秘宝館」と呼ばれる施設がありました。これらの性を見せ物化した施設でも、セクシャルなおみやげが数多く販売されていたのです。さらに全国を見渡すと男女の性器を信仰対象とする神社が、複数、存在します。これらの神社の祭日などには、性器をかたどったおみやげが境内を賑わわせることになるわけです。

さて、以上のように様々な課題を指摘して参りましたが、これらの多くはすでに述べたように、ないものねだりの部分もかなりの部分を占めています。絶対的な限界として、展示スペースが限られています。奥行きのない展示である以上、あまり大きなもの、重量のあるものを展示するわけにもいきません。これらの限界を抱えたなかで、カテゴリーを増やすことは難しいでしょうし、テーマの解説をパネル化することも難しいかと思います。

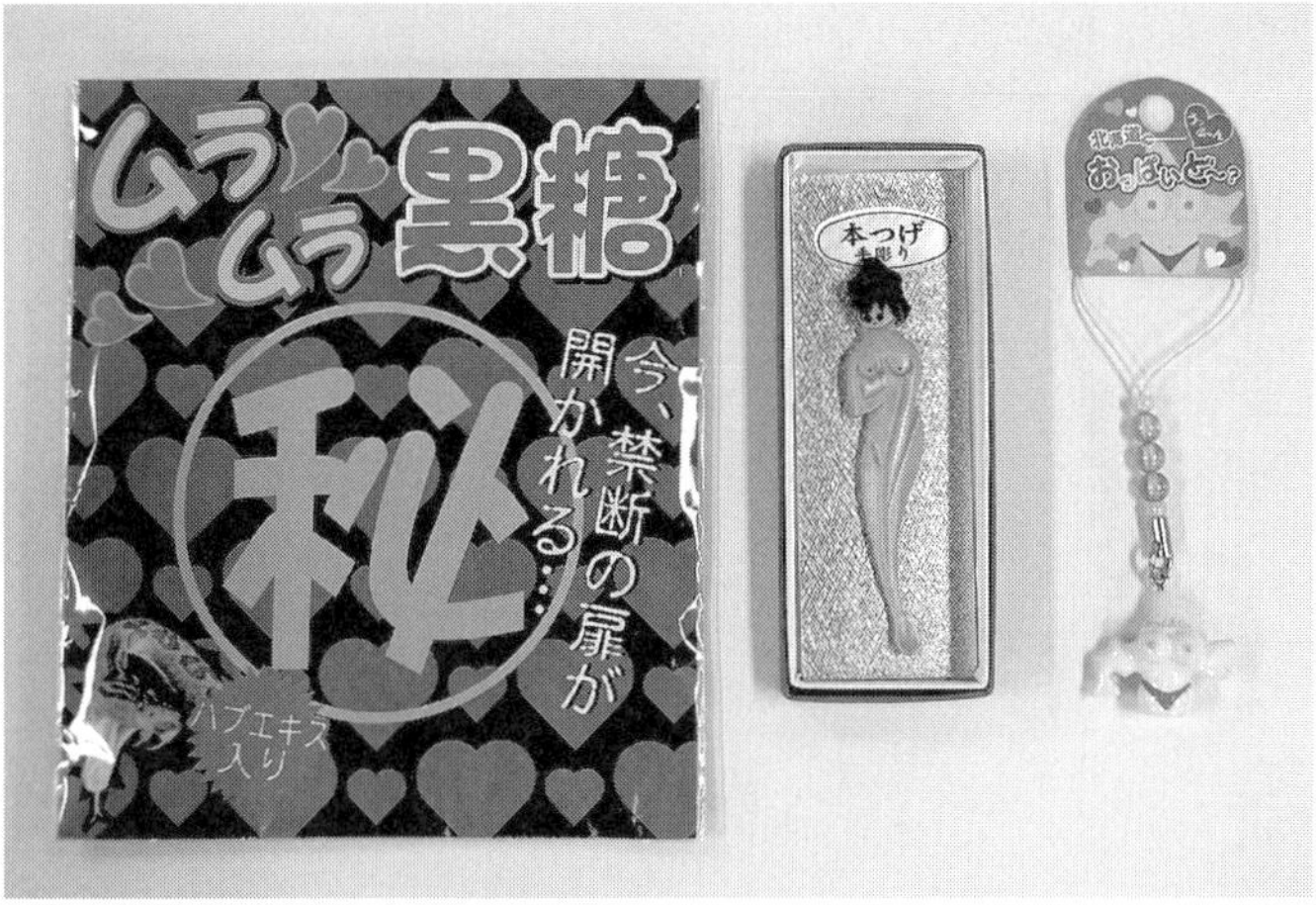

写真10　性的なイメージを喚起するおみやげ（右より北海道の「おっぱいど～？」、大分別府温泉の「ヌードの耳かき」、沖縄の「ハブエキス入りムラムラ黒糖」）

その一方で改めてこのおみやげ展示が、かなり戦略的に考えられたうえで配置されていることも実感いたしました。例えば、これまで指摘した「不在のカテゴリー」のなかには、別のテーマに沿って展示されているものも少なくありません。陶磁器の展示や自然資源を利用したおみやげの展示は、「開発と景観」や「くらしと技」のなかで展示されています。また、郷土玩具については「おそれと祈り」のなかの「妖怪の世界」や「安らかなくらし」のコーナーに多くの事例をみることができます。

また、目立たない形で、私が指摘したカテゴリーに相当するおみやげが展示されていることもあります。例えば、「郷土食」のコーナーをよくみると中華街名物として「肉まん」や

写真11　「沖縄」コーナーに展示されている「沖縄でイッてきました」

「焼売」のストラップが展示されています。「郷土」の意味づけがここでもずらされているとともに、民族集団への目配りもなされているわけです。また、第四室の出口付近には、「日本のなかの世界　世界のなかの日本」というコーナーがあります。ここでは静止画像によって海外に広がりゆく「日本文化」と日本のなかの「異文化」が紹介されています。そこには在日や華僑はもちろん、南米移民の日本での暮らしの一端が示されています。

「聖地巡礼」に関するおみやげも「社寺参詣」でみることができます。すでに紹介した埼玉県の鷲宮神社や宮城県七ヶ浜町《しちがはままち》の資料が展示されています。これらは、私が実際に関わった数少ない展示への貢献の部分になるかと思います。

もっとも難易度が高いと思われる性に関するおみやげも存在します。写真11は「沖縄」の左下あたりに展示してあるアップの画像になります。いくつものシーサーにちなんだおみやげの奥にタバコ大の紙の箱が置かれています。中央には何か膜のようなものに囲まれたシーサーらしき生物のイラストが描かれています。箱の上部には「沖縄限定　あなたの守護シーサー」と記され、下方には「沖縄でイッてきました」と書かれています。このフレーズは「〜に行ってきました」という各地で販売されているおみやげのパロディなのです。では、これが何かと問われると、有り体にいってコンドームなのです。それでは、この膜でコーティングされているシーサーが象徴するものとは何か、という深遠な問題が発生するわけですが、今日は、それについての詳細な検証を保留しておきます。

四　考察〈おみやげマンダラ〉

最後にこれまで紹介してきたおみやげのカテゴリーと既存のコーナーとの関係についてまとめておきたいと思います。この再分類に際しては、観光の形態や目的についての分類を参考にしました。観光自体の分類も研究者や分野によって多義にわたります。なかには何十という観光の形態が設定されることもあります。ただ、それらを観光対象の特質ごとにまとめていくと、だいたい四つの領域に分けることができそうだと分かりました。そのおおまかな見取図が、図2になります。ここで重要な点は、四つの円で各々の領域を表しているのですが、それらは互いに複雑に重なり合っているということです。後ほど具体的にみていきますが、各々の境界的な事例をみていくと、観光を喚起する様々な資源同士の新たなつながりもみえてくるように思われます。

順番に上の円からみていきましょう。この円には〈自然資源〉を対象とする観光のおみやげが含まれます。すでに述べたように海や山などの自然に関わるおみやげは数多く存在します。また、化石や鉱物類もこのカテゴリーに入れておきます。昨今、話題となりつつあるジオパーク構想などが盛んになれば、アンモナイトや三葉虫に関するおみやげも増えるかもしれません。三葉虫饅頭にアンモナイトチョコというのも、魅力的だと思いませんか。

次に右側の円には有形の文化財、とりわけ建物や〈不動産〉に関連するおみやげになります。既存のコーナーでは、「社寺参詣」があてはまります。同様に「城郭建築」もこのカテゴリーを代表するものといえるでしょう。さらに合掌

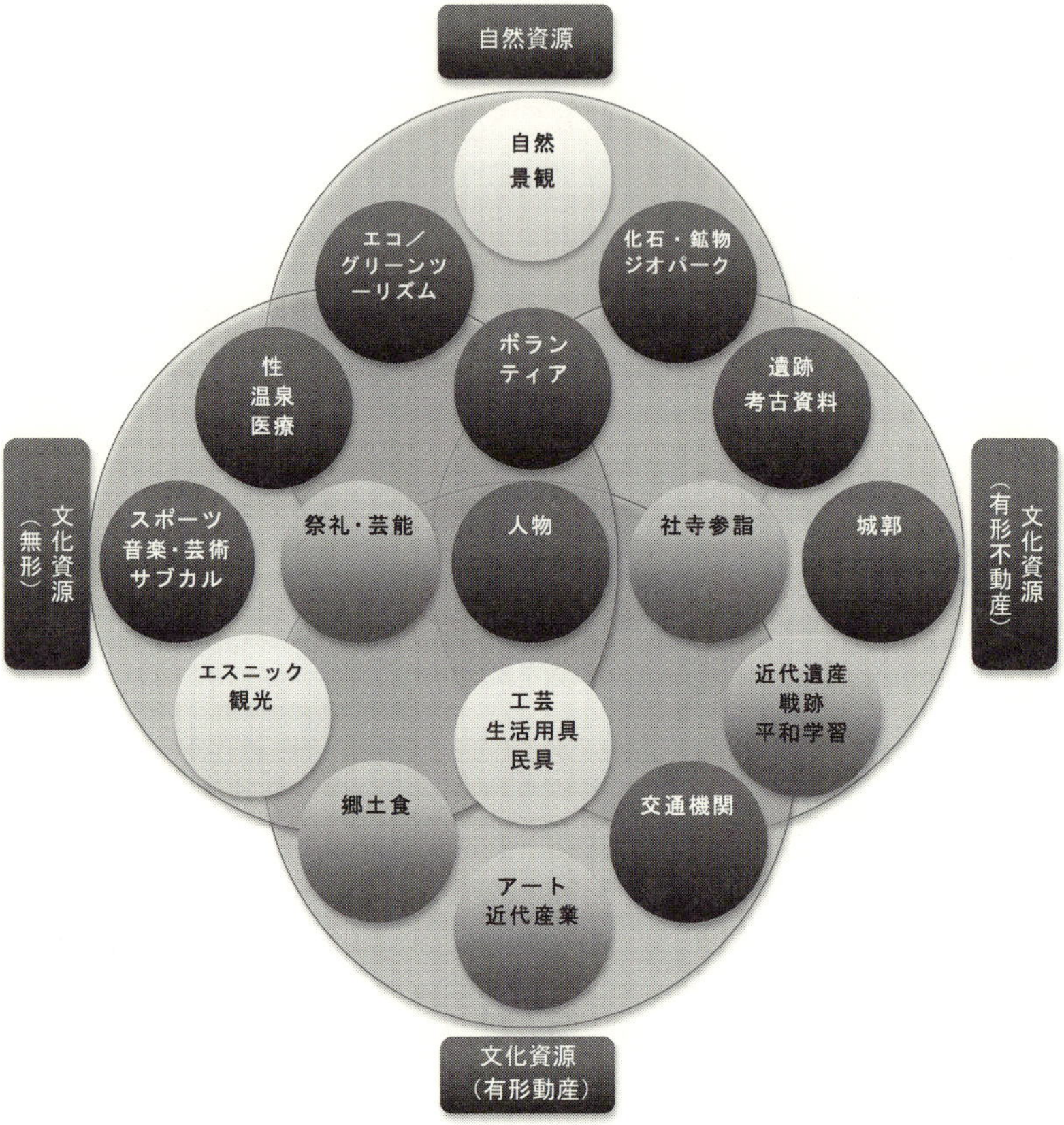

図2　観光とおみやげの諸相(1)

造りのような民家、近年では、伝統的建築物とカテゴライズされる文化財も、この円には含まれます。これらについてのおみやげは、まだそれほど見当たりません。それでも文化財に指定されて一定期間、観光対象となった場所の多くでは、ある程度のおみやげが作られています。

なお、「考古遺跡」はしばしば土に埋もれ、風化して自然にかえりつつあるという点で、〈自然資源〉と〈不動産〉との境界付近に位置づけられます。他方で既存のコーナーである「平和学習」も、原爆ドームや平和祈念像を中心としている点ではこの〈不動産〉のカテゴリーに入れておきたいと思います。同じ傾向をもつものとして「近代化遺産」や、「戦跡」などもここに含まれます。

三番目の下の円には、建築物ほどには大きくないもの、様々な工芸や実用品、あるいはアート作品が含まれます。言い換えれば、〈動産〉の文化資源に関するおみやげということになります。このカテゴリーでは、観光資源そのものがおみやげとして商品化されることが多いようです。ただ、一部のアート作品や歴史的な工芸品になると、それらの作品のイメージを流用しておみやげにされることも多いようです。また、「交通」に関するおみやげは、〈動産〉と〈不動産〉の境界に位置づけてよいかと思います。

最後に左の円には〈無形文化〉資源についてのおみやげがあてはまります。既存のコーナーでいえば、「祭礼・芸能」や「郷土料理」を位置づけることができます。また、「スポーツ」や「音楽・芸術」なども対象の歴史性が希薄である点をのぞけば、同じ領域に入れてよいでしょう。性格はやや異なりますが、便宜上、聖地巡礼などのサブカルチャーに関わる観光も同じカテゴリーにいれておきます。もっとも郷土食は食べてしまえば消えてしまうわけなので、無形の文化資源のなかでも、〈動産〉にやや近い場所に位置づけています。また、アート作品については、作品という物質性とそこに込められた思想やメッセージが重視されることを考えると、こちらも無形と動産の境界付近に配置されるべき性格をおびているものかもしれません。また、国内でのエスニック観光という場合には、やはり食べ物や工芸、ファッションなどに収斂する傾向があるので、ここに配置しています。

それから、〈無形文化〉と〈自然資源〉との境界付近にもいくつかのカテゴリーが浮上します。まず、エコツーリズムやグリーンツーリズムが、この二つの領域の境界付近に位置づけられます。両者は自然に対する人間の側の知識や技術を学ぶという要素が強く、自然と無形文化の両面への関心が強いからです。

また、意味づけは異なるのですが、セクシャルなおみやげもここに含まれます。人間にとっての内なる自然としての身体性という意味で、この境界付近に位置づけたわけです。同じように身体の経験を重視する観光としては温泉観光も同じ場所に位置づけられます。現実に温泉と性とのつながりは密接なケースもありえるわけですが、ここでは自然と身体との相関性に注目した結果です。ですから、さらに今日的な観光の形態としてメディカルツーリズム（医療観光）もまた、同じような場所に配置できそうに思います。

最後に四つのサークルの中心付近に「人物」のカテゴリーを配置しました。すでに紹介したように人物を起点として、様々な物語や事績、不動産や景観さえもが観光の対象になります。全てのカテゴリーに展開しうる観光の形態としてサークルの真中のあたりに位置づけてみました。

以上の様々なおみやげカテゴリーを現状の展示状況にあわせて、三つにわけて配置しています。薄いグレーのサークルは、現在の展示コーナーのカテゴリーになります。白いサークルはコーナーとしては明示されていないものの、具体的なおみやげが展示されていたり、別のテーマで展示されたりしているものです。それから、現状での展示がきわめて希薄なカテゴリーが、濃いグレーのサークルで表されています。これでみていくと、かなりの程度のカテゴリーについて、展示は行われています。ここから、展示上の工夫の課題が生じることになりますが、もう一つ、問題が残っています。この二次元の図式では、既存のコーナーにある「沖縄」や「北海道」、また「国際化する観光」がうまくあてはまらないのです。これらの地域性を重視した展示コーナーは、この図の複数のカテゴリーを横断しています。無理に図に当てはめようとすると、かなりいびつで分かりにくい図になってしまいます。

これらの点を考慮して再度、作成したものが図3になります。こちらは三次元的な表現で、先のカテゴリーを取り込もうとしています。奥行きによって地域的な違いを表しているとお考えください。また、矢印が示しているのは、人の移動や眼差しといったものにあたります。その意味では単に空間的な差異ではなくて、文化的な違いを意識してい

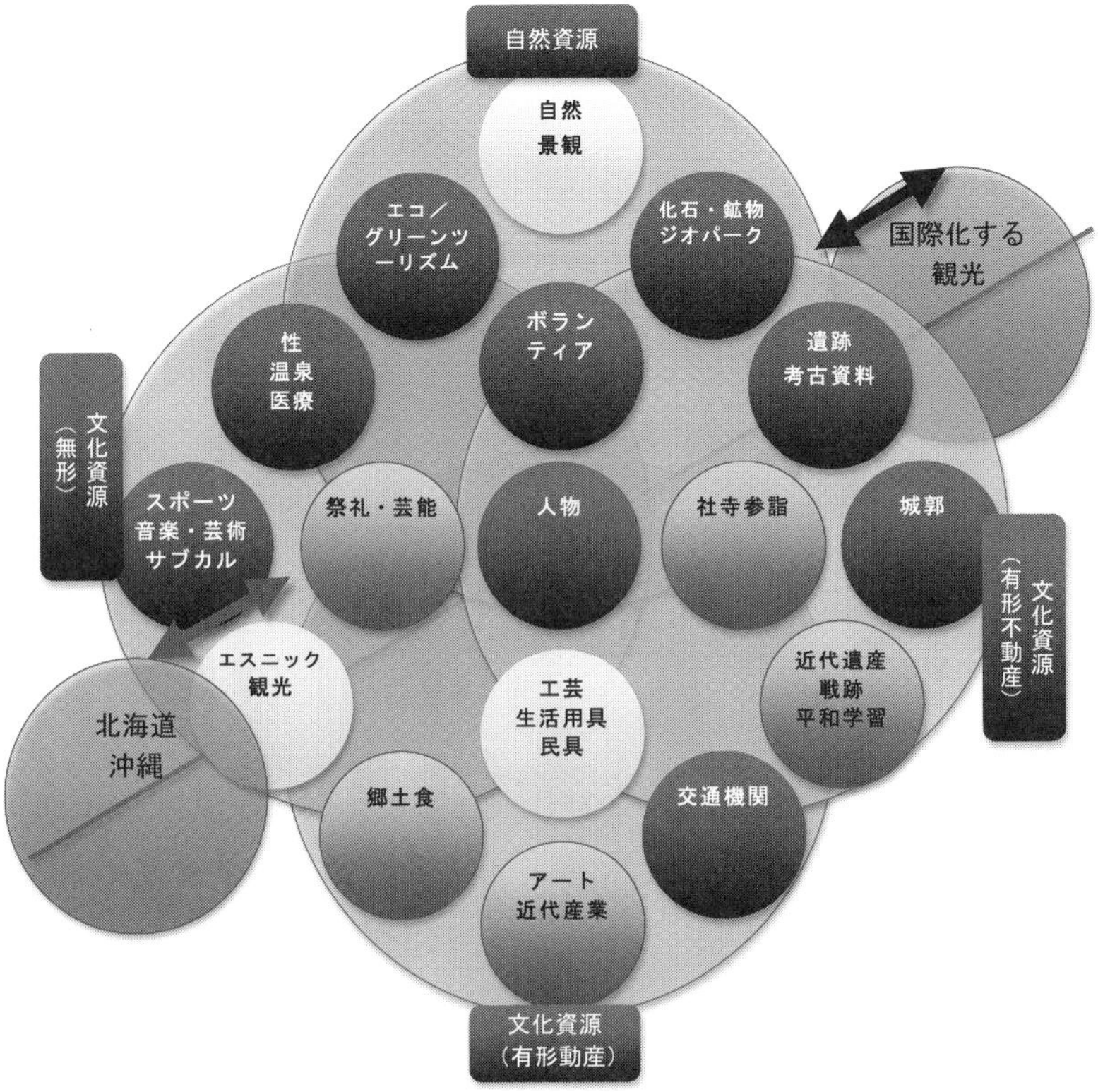

図3　観光とおみやげの諸相(2)

る面もあります。多数派の日本人からみたときに、北海道や沖縄は訪れるための場所です。そこにはアイヌのように異なる民族集団の文化も含まれていました。さらにその外側に海外旅行によって訪れる別の国や地域を想定することもできるでしょう。文化的差異ということでこれらのサークルには、在日朝鮮・韓国文化や華僑文化も含まれることになります。また、奥のサークルに「国際化する文化」を位置づけたのは、これらが海外からやってくる観光客に向けて発信したことを示しています。ただ人の流れとしては、彼ら彼女らが日本を訪れるわけですから、矢印も双方向で示しているわけです。

私はこの図式を「おみやげまんだ

ら」と仮に呼んでいます。かつての歴博の民俗展示には、坪井洋文先生が展示の全体構想を複雑なサークルの重なり合いで示した立体模型がありました。それを研究者の間では、愛憎(?)を込めて「坪井まんだら」と呼んでいたようですが、少しそれにあやかってみたわけです。もちろん、この図式は完成形ではありません。カテゴリー間の関係性に疑問を持たれる方もおられるでしょうし、カテゴリー自体の再考が必要な場合もあるでしょう。ただとりあえず、本日のところは、私が携わった展示の内実と課題を整理するうえで提示させてもらったわけです。今は、これが精一杯、ということで朋輩の批判を仰ぎたいと思います。

おわりに

今後、このおみやげの展示については、いくつかの方法で今日お話した課題に対応していきたいと考えています。その一つとして、可能な限り展示物のマイナーチェンジを行い、それらの意味づけについての説明を追加していくつもりです。同時にめくりを利用しておみやげの見取り図を提示することも視野に入れていきます。可能なら天井付近に「おみやげまんだら」の三次元図を再現したいところですが、上司と財務がそれを許さないでしょう。

同じように、このコーナーと別の中テーマや大テーマとの関連性、具体的な展示の配置を示すことができればと思います。特に「自然」や「産業」「手工芸」に関わる展示との関連性については、第四室の他の大テーマとの接続という意味でも、紹介したいと思います。それは、このおみやげ展示が持つ意味を補足するというだけではありません。むしろ、「おそれと祈り」や「くらしと技」いった民俗学が慣れ親しんだ領域の展示のなかにも、今日お話した民俗文化の三つの領域が潜在化したり、部分的には顕在化したりしている事実を知ってもらいたいと思うからです。

さて、これだけお話しておきながら、今、ようやく思い出したことがあります。私は、大変なものを忘れていました。おみやげの定義です。

しかし、残念ながらすでに時間も超過しております。この議論については、いずれ、おみやげ論の第二部で展開することができればと思います。本日は、ご清聴ありがとうございました。以上で私からの発表を終わります。

コメント１

柴崎　茂光

皆さん、こんにちは。国立歴史民俗博物館の柴崎茂光です。本日、二つの台風が関東地方の南岸を通過し、なおかつ、今朝方に東北地方の太平洋沖地震の余震と思われる比較的強い地震が発生しました。そのような状況にもかかわらず、このフォーラムのために皆様が会場まで足を運んでくださったことに心から感謝を申し上げます。

内田、川村両氏の報告に対して、いくつかコメントを述べたいと思います。本年（二〇一三〈平成二五〉年）三月にリニューアルオープンした第四展示室（民俗の展示）ですが、「列島の民俗文化」という共通テーマをもちながら、全部で三つのコーナーから構成されています。「『民俗』へのまなざし」「おそれと祈り」「くらしと技」がそれらに該当しますが、本日のフォーラムは、「『民俗』へのまなざし」について、集中的に議論をすることになります。

さて、リニューアルされた第四展示室をご覧になられたでしょうか。会場に足を一歩踏み入れて、大変驚かれたのではないかと思います。デパートが販売している豪華なおせち料理に始まり、少し歩きますと、沖縄料理等を紹介するかたちでシーサーの造作が目に飛び込んできます。壁面には、土産物の数々が展示されていますし、さらに進むと、アイフォンのケースなどに象徴される現代のアイヌアートや、理想の身体イメージを伝えるファッション雑誌などを紹介しているコーナーもあります。多くの来館者は、展示の豪華さ、大きさ、美しさ、斬新さに驚かれる一方で、疑問や違和感を抱いた方もいらっしゃるのではないでしょうか。「これらの展示が、どうして民俗と関係あるか」と……。

民俗学といえば、古きよき日本の農村漁村で展開される信仰儀礼、生業を学ぶ、学問ととらえられることが多かったと思います。実際、全国の歴史民俗博物館・資料館に行っても、基本的には近世・近代の庶民の暮らしを紹介するものが多く、現代、とりわけバブル経済以降の動向を紹介する展示は、まだ多くないのが現状です。しかし、現在の生活のなかに、民俗は生きていないのかといえば、そんなことはありません。

内田、川村両氏がさきほど紹介したように、現在は、地域の文化だけでなく、全国、時には世界の文化等も断片的に取り込まれたかたちで、日常の暮らしが営まれています。これまで地域で脈々と受け継がれていたものが、現在はテレビやインターネット等を通じて伝えられるなど、かつてとは伝え方が随分変わってきています。そのように伝えられるものを我々は、現代の民俗として認識することがなかなかできません。「『民俗』へのまなざし」の展示で取り上げているのは、過去からかたちを少しずつ変えながらも連続して存在してきた民俗だけでなく、不連続なかたちで新たに誕生した現代の民俗まで、展示しようと考えているわけです。

それゆえ、来館者の方々が第四展示室をご覧になられて、「何かしっくりこないな」と違和感をもたれた場合には、逆説的にいえば、新たな民俗イメージを、構築する一つのきっかけになるといえます。違和感や疑問等を抱いてくださったことを、むしろねらい通りと申しますか、喜ばしいことだと私たちは考えています。

さて、現代の民俗を考える上で、「資源化」という一つのキーワードを紹介したいと思います。「資源化」という言葉を、少しかみ砕いて表現するならば、結果として、民俗が市場経済システムのなかに取り込まれ、商品やサービスとして販売そして消費される状態であるといえるでしょう。とりわけ民俗の場合には、観光業との親和性、連携が非常に強く、観光資源として利用されることが頻繁に見受けられます。そのような状況を象徴的に表しているのが、川村さんが報告されたみやげもののコーナーになるのではないでしょうか。駅弁や寺社参詣といった、直感的に分かりやすいおみやげものだけではなく、広島・長崎に代表される平和学習のみやげもの、それから閉山した鉱山跡地の観光利用等をみても分かるように、資源化の範囲が多様化しているわけです。さらに、川村さんが解説したように、今回展示したものが、資源化される民俗の全てではありません。スポーツグッズや性に関するグッズなども、さらに広い範囲で資源化が進んでいます。

近年は、観光人類学や民俗学といった学問においても、民俗の資源化が地域社会にもたらすさまざまな影響が紹介されるようになっています。確かに資源化が進みすぎた場合には、負の側面が存在するということは否定できません。しかし、今回の民俗の展示では、資源化がもたらす弊害だけでなく、地域社会が自分たちの生活を成り立たせるために、外部（国家や、国家がつくり出した保護地域の枠組みなど）の制約条件のなかで、いかに、したたかに資源化を進めてきたかも紹介しているわけです。

例えば、内田さんが報告されたアイヌの事例ですが、明治政府などの圧政により、アイヌの人々は自分たちが利用してきた大地をさらに奪われていきました。定住も余儀なくされ、ライフスタイルの変容も強いられました。そのなかで、アイヌ文化というものを一部観光資源化することで、生計を立てていく戦略を人々はとりました。代表的な木彫りのヒグマやムックリなどの民芸品から資源化は展開されていったわけです。しかし、ライフスタイルが変わっていくなかで、アイヌの人々は、伝統的な生活様式を全く変えずに暮らしてきたわけではなくて、少しずつリニューアルしていきます。同様に民芸品なども時代とともに変わってきているわけです。近年は、北海道地域に住むアイヌの人々だけでなくて、本州などに住む人々も、アイヌ文化の継承者としての役割を担っています。日本社会のなかで相互交流しながらアイヌの文化がさらに発展してきたわけです。資源化がもたらした波及効果といえるようなものを象徴しているかもしれません。

そうはいいつつも、資源化は、正負双方の影響をもたらすことを最後に申し上げる必要があると思います。例えば、資源化が、地域社会の人々が望むかたちで自発的に、内発的に進められたのであれば、前向きにとらえることはできます。しかし、今もなお種々の権限や生活上の選択肢を奪われた状態のなかで資源化せざるをえないという状況に追いやられたとするならば、それは社会的な公正、もしくは環境的な公正(Environmental Justice)という観点からみれば、是正されるべき問題と捉えるべきでしょう。

さらに、グローバル社会において、企業が主体化するかたちで資源化を進めた場合、表面的には、みやげものが多様化するようにみえますが、現実には商品が寡占化する傾向を強めるという危惧を私は抱いています。みやげもののキャラクターグッズなどは、全国どこへ行っても、場所の名前さえ変えれば同じようなグッズがたくさん出てきているわけです。○○の恋人などのシリーズもののみやげものもたくさんありますし、ゆるキャラというのも多種多様にみえますが、実はみんながゆるキャラなので、硬派なキャラクターが排除されるという、現象も起きています。そのようなところを、我々はきちんと意識しながら利用しなければいけないのではないかと思います。

簡単ではありますが、資源化という切り口からコメントしてまいりました。いずれにしましても、お二方が発表した内容は、現在も進行しつつある民俗学というものを表現しようとした挑戦的な試みであることは確かです。より多くの来館者の方にお越しいただき、我々の展示をみながら、来館者が自分自身で民俗のあり方を考えるようになっていただければと願っております。以上でコメントを終わります。ありがとうございました。

現代社会と儀礼の生成
―「行事食の変化」から―

山田　慎也

一　行事食としてのおせち料理

こんにちは、民俗研究系の山田慎也と申します。よろしくお願いいたします。本日は「現代社会と儀礼の生成」というタイトルですが、なかでも展示「行事食の変化」についてご報告いたします。本日何度も言及されました「入口のおせちと鏡餅の展示」をおもに担当したのが何を隠そう私でございまして、なぜあれを展示したのか、その背景について申し上げたいと思います。あの展示については、興味深かったというご意見がある一方、驚いたとか、違和感をもったというようなお話も承っております。ですのでこれを機にご説明したいと思います。

行事食とは、一年の行事である年中行事や生涯の節目に行う人生儀礼といった、さまざまな儀礼で用意され、神仏の供物となったり参列者が食べたりする飲食物であり、日常のものとは異なる特別な食物をいいます。年中行事や人生儀礼というのは、ある意味で民俗学のなかではメインの研究テーマの一つです。私は人生儀礼の結婚式や葬儀も研究対象としていますが、年中行事や人生儀礼というのは、民俗学のなかでは古くからのテーマであり、歴博に勤めておりますといまだにマスコミ等から、例えば「お盆のときなぜ茄子の牛やキュウリの馬をつくるの?」とか、「お正月はなぜ門松をたてるの?」という問い合わせが寄せられ、その質問が民俗研究系に廻ってきます。こうしたことからもある意味、民俗学のなかでは中心的なテーマであることがわかります。先程の川村さんの議論でいいますと、もともと課題として取り上げられてきたものであり「本地としての民俗学」というところかと思います。

さて、一年のなかでもさまざまな行事があり、例えば端午の節供には柏餅を食べたり、最近では関東地方でも節分に「恵方巻」と称して太巻き寿司が大量に販売され消費されるようになりました。お彼岸にはおはぎや団子、年末には年越しそば、現在でも地域性の強いものとしては、北関東のシモツカレなどというおろした大根に鮭の頭や大豆などを入れたものが初午などに食べられます。

このようにさまざまな行事食があるなかで、ほとんどの人々が何らかのかたちで関わる一番身近な行事としてお正月があると思います。正月は一年の始まりとして、民俗学では年の初めに年神が来訪し人々に新たな生命を授ける時であると考えられてきました。現在、こうした意識がなくとも、例えば一二月ごろになると、仕事をする際に「年内までにこれを」とか、また「年明けには始めます」などと、その節目を意識し、なるべくそれを跨がず年内に終えるか、また年明けに始めるかといった更新の意識が働きます。「年明けには」という言い方には、それが三日なのか四日なのか七日なのかというのはまたいろいろありますけれども、ある意味、時間の切れ目を意識しているわけです。現在、生活がどんなに変わって、例えば、スーパーマーケットが元日から開いていても、やはりなんとなく年の改まりというのを今でも感じるわけです。

こうした年の改まりのなかで日常とは異なる時間を過ごし、また食事をすることも多いので、もっとも多くの人に関係のある行事として、お正月を取り上げることといたしました。その際、我々が正月といったときによくいわれるのが「おせち料理」についての話題です。おせち料理を食べただの食べなかったなどと、何かと正月の食事として意

写真1　展示場入口「デパートのおせち売り場」再現

識されるものです。さらに、お正月に飾るものとして門松や注連飾りもありますが、現代の家庭では門松や注連飾りを飾らない家も次第に増えています。こうした物は飾らなくとも、せめて鏡餅を飾るということはよく聞きます。現代の人々にとって身近な消費空間としてコンビニエンスストアがありますが、そこでは注連飾りや門松はあまり見られませんが、多様な種類の鏡餅はたくさん販売されており、まだまだ人々の需要があることがわかります。

　そこで、現在でもいろいろなかたちで人々のなかで注目され受容されてきた、おせち料理や鏡餅を取り上げ、それらの変容を通して、現代の人々にとって「お正月とは何か」を考え、そしてさらに、現代社会における民俗とは何かという点を捉えていこうとするものです。つまり、消費文化のなかに組み込まれた現代社会の正月行事を通して人々の民俗へのまなざしを見つめていこうとした展示を計画したわけです（写真1）。

二　重詰めのおせち料理とデパート

では、なぜそれがデパートとスーパーマーケットのおせち売り場ということになるのでしょうか。その点に関し皆さんが「えっ？」と驚かれるところかもしれません。今回の展示では、このような「えっ？」と驚かれることを通して、むしろ身近な点からおせち料理を見ていただき、それを通して正月という民俗行事の現在を振りかえっていただきたいというのが展示の意図なのです。

おせち料理の変遷として、デパートのおせち売り場をまずはじめにもってきました。デパートの事例の一つとして三越を取り上げています。歴博では、民俗展示の新構築に関し「民俗表象の形成に関する総合的研究」（総括研究代表：小池淳一）という基幹研究が立てられ、そのなかの課題の一つとして平成二二年度から平成二四年度まで「歴史表象の形成と消費文化」（研究代表：岩淵令治）というテーマで共同研究が行われました。そのなかでは日本初のデパートメントストアである三越を含めたデパートという消費空間を取り上げ、歴史や民俗が消費文化のなかで流用されていった過程を研究いたしました。こうした研究の蓄積から、デパートの事例の一つとして今回三越を取り上げることとし、三越の食品部門を通して関係の料亭、ホテル、レストランなどの協力依頼をして、展示が作られました。

それではデパートのおせち売り場を取り上げた理由は、おせち料理が作るものから買うものへと大きな時代の流れがあることを、まず示したかったからです。しかもデパートの場合には、すでに重箱に詰められ、すぐ食べられるようになっているおせち料理をいち早く販売している点に注目しています。例えば、これは展示の一部ですが、基本的に我々が持っている販売されたおせち料理のイメージは、料亭などの和食のおせち料理です。例えば、「永田町瓢亭」

「吉兆」「八百善」「弁松」といったような老舗の料亭、料理屋のものなどが、デパートでは古くから扱われてきたのです（写真2、3、4、5）。

すでに重箱に詰められたおせち料理をデパートがまず販売し始めますが、それに次いで販売するのがスーパーマーケットです。そして特に一九九〇年代以降、重詰めのおせち料理の販売が急速に拡大していきます。スーパーマーケットで、重詰めのセットのおせち料理を販売するということも、このように当たり前になってきたわけです。近年では、毎年一〇月になりますと、デパートもスーパーマーケットもおせち料理に関しては予約を始めている状況です。それだけでなく、コンビニエンスストアでも最近おせち料理の販売が当たり前のようになってきました。例えば、コンビニエンスストアの一つセブン-イレブンのパンフレットを見ますと、重詰めのおせち料理が数種類あげられており、販売

写真2　老舗料亭のおせち　永田町瓢亭

写真3　老舗料亭のおせち　吉兆

写真4　江戸料理通　八百善

写真5　東京のおせち　弁松

のメイン商品であることがわかります。そして単品の蒲鉾や伊達巻などはコンビニエンスストアでは扱かっておらず、あくまでも重詰めのおせち料理のみです。そして、最近ですと、総菜店や弁当店などでも、重詰めのおせち料理の販売をするようになっています。

　こうして人々のなかでは、正月の料理というとおせち料理であり、それは重箱に詰められた料理であるというイメージが浸透していることが、現代の状況であると思われます。例えばスーパーマーケットイオンの二〇一〇年正月用のおせち料理パンフレットでは、とうとうここまでおせち料理のイメージが広がっているのかということを思わせるものです。それはパンフレットの最後のページに、「かわいい愛犬と一緒に祝うお正月」という文言とともに、重箱に詰められたペット用のおせち料理が紹介されています。

　そこには二点のおせち料理が紹介されており、一点は家族とペット併用で「家族と愛犬が同じ物を食べながらコミュニケーションがとれるおせちです」と説明されています。その内容は野菜とチーズのパウンドケーキ、合鴨のスモーク、ローストビーフ、厚焼き卵、プルーンの酢漬け、ソルベ、海老などです。もう一点は「大切な家族の一員だからとっておきのおせち。犬の料理研究家Ｄｅｃｏが、犬の健康を第一に考え丁寧につくりました」とペット犬専用のおせちです。そして中身は、ミートボール、筑前うま煮、紅白なます、ミートローフ、伊達巻、芋きんとんと、現在一般におせち料理と考えられている口取りが入っています。

つまり、ペット用のおせちまで重箱に入れることで、おせち料理らしさを演出しているわけです。要は、おせち料理イコール重詰めというイメージが現在できているわけで、現実には重詰めをしないまでも、重箱に詰めるのが本来のやり方であると、人々の認識としてほぼ浸透しているのではないでしょうか。上記のようにペットに対するおせち料理まで重箱に入れて販売していることからも、このことを示していると思います。伊達巻やエビ、きんとんなどが入り、「ペットにまでおせち、それは重箱のお料理」というイメージが成立しているのです。

さらに、今回のおせち料理売り場の展示に関して、「なぜこれほどたくさんの見本を並べているのか」という意見もありまして、これにもまた理由があるのです。例えば、帝国ホテルとホテルオークラが発売している洋食のおせち料理があります。実は、一九七〇年代にデパートがおせち料理を取り扱ったときから、これらのホテルのおせち料理は販売されていました（写真6、7）。こうして、おせち料理は単に伝統的と思われている料亭などの和食のものだけでなく、多様な種類のおせち料理が生み出されています。このほかにも中華のおせちとして、中華料理店の重慶飯店と聘珍樓のレプリカも展示しています。洋食や中華までおせち料理となり、そこではやはり重箱らしきものに詰めていくという、現代のおせち料理像が形成されているわけです（写真8、9）。

ここに提示しているのは、こうした和食のほか、洋食、中華などの料理のカテゴリーができていることです。ただし注意しなければならないのは、おせち料理に洋食を取り入れることは、後で述べるようにすでに明治後期には行わ

写真6　ホテルのおせち　帝国ホテル

写真7　ホテルのおせち　ホテルオークラ

れています。つまり、当時から正月に食べられる料理の内容に関しては多様であったことがわかります。明治時代になり洋食の文化が次第に広まり、それに対して従来の食事を和食としてカテゴリー化されていくなかで、おせち料理も影響を受けているのです。これは中華料理も同様の状況を示しています。つまり、洋食や中華のおせち料理は近代の歴史性を帯びたうえでの多様性なのです。

　さらに展示のなかでは、料理の多様化だけでなく、現代の個食化という状況を示すための展示も行っています。少子高齢化と家族形態の多様化によって、家族成員が減少し、一人暮らしや夫婦だけといった家族形態も多くなり、こうした人々に対するおせち料理の需要があるとして一九九〇年代以降、個食化による少量・多品種の小さなおせち料理が販売されるようになりました。

　小型のおせちということで、「一人前のおせち『姫』和洋ミニ三段」というものは、従来の重詰めのおせち料理の小型版です。三段重ではありますが重箱自体が一七センチメートル四方と小さくなっています。それでも一通り祝い肴の数の子、黒豆や田作り、また口取りであるきんとんや蒲鉾、伊達巻、そして煮物や照り焼きなどの和食の重と、ローストビーフやスモークサーモン等が入る洋食の重で三段となっています。それに対し「銘々おせち京料理濱登久個食三段」は、小型で三段といっても銘々おせちというように、それぞれの重に同じ料理が詰まっているものが三つで三段となっています。内容的には黒豆や蒲鉾、煮物や焼き物などといったおせちが一口分ずつ詰め合わせされており、結局折詰のように一段が一人前になっているわけです（写真10、11）。

写真8　中華のおせち　重慶飯店

写真9　中華のおせち　聘珍楼

　さらに個食化の特徴として、個々人が自由な選択をするという側面ももっています。一同が同じものではなく、個々人が好きなものを食べることも個食化の一つのあらわれです。こうした点で「組合わせのおせち」は、料理の種類別に詰まっている重箱を好みに合わせて選択し購入するという形態です。そこには五種類の重があります。祝い肴、口取り、煮物、焼き物などが入った基本的な「和風」、ローストビーフやテリーヌなどの「洋風」、鴨や蟹などの「中華」のほか、和風の重と似ていますが野菜や魚介などの煮物に特化した「煮物」、数の子やいくら、コハダの粟漬けなどおつまみになりそうなものが中心の「酒肴」といった重があり、それを選択して組み合わせていくのです。基本的には顧客の判断に任せているのですが、それでは戸惑う人もいるのでしょうか、実際のデパートの売り場では、「和食」「洋食」「中華」の組み合わせ例を出しています。こうした様子を見ると、チョイスできるという重箱の自由度が強調されていますが、実際にはデパート側がリードしていることがうかがわれます(写真12)。

以上のように個食化に向けたおせち料理がいろいろ試みられているわけですが、小型のおせちにしても、銘々のおせちにしても、さらには洋食や中華、和食といった選択式のおせち料理にしても、いずれも重箱に収斂されていくというところが興味深い点です。

重詰めというのは、小さな重にちょっとずついろいろなものを詰めていくのが今までのやり方ですが、「銘々おせち」では、同じ内容の料理を三箱用意しているわけで、従来の重箱の趣旨とは異なり、完全に個別の折詰となっています。しかしそれでも重箱をイメージしながら販売されているところに、おせち料理は重詰めといったイメージがかなり浸透しているということがわかるかと思います。

こうしたデパートのおせち料理の販売動向を見ると、基本的には一九六〇年代までは口取り、祝い肴を中心とした、蒲鉾や伊達巻、きんとんといったものを単品で販売する点は、従来の魚屋だけでなくデパートやスーパーマーケットも同じでした。ところが、一九七〇年代になりますと、デパートが、料亭やホテルなどの重詰めおせちの販売を始めていきます。例えば、これは三越の食品担当の方からもお聞きしましたし、また料亭の「八百善」のご当主からもお

写真10　一人前のおせち「姫」和洋ミニ 三段(写真12左上)

写真11　銘々おせち　京料理 濱登久 個食三段(写真12右上)

写真12　組み合わせのおせち(下段)

聞きした話ですが、デパートで料亭のおせち料理を扱った当初、重箱を顧客から預かったといいます。重箱を預かって年末になって料理を詰めて顧客に渡していたそうです。この方式は従来の料亭の伝統的な方式であり、その方式をデパートも模倣して、販売当初は重箱を預かったそうです。ところが、これですと手続きが複雑になりうまくいかない点もあったとのことで、売り切りの折箱で販売するようになったと聞きました。一九七〇年代以降、デパートはこのように料亭などのおせち料理を扱うようになり、売上を着実に伸ばしていったわけです。

三　スーパーマーケットとおせち料理

一方で、なぜスーパーマーケットのおせち料理売り場が展示されているかについてご説明いたします。まずはスーパーマーケットの位置づけを考えた際、ここは多様な生活用品、食品から日用雑貨まで生活必需品をまとめて購入できる場として私たちの生活に浸透しています。そして年中行事に関する食品も同様であり、スーパーマーケットが積極的に年中行事に関する食品も販売していきます。例えば五月五日前には柏餅や菖蒲湯用の菖蒲を売ったり、旧暦八月一五日になれば、お月見用の団子やすすきを販売するだけでなく、現在ではその行事のノウハウを売り場でパネルにしたり、パンフレットを用意するといったことも積極的に行っています。年末の正月用品売り出しも同様であり、特に正月用の食品は多様です。そのなかでおせち料理としてまずあげられるのが、おもに口取りや祝い肴を中心とした製品の販売なのです。蒲鉾・伊達巻・栗きんとんや豆きんとん・卵焼き、また寄せものといわれる日の出羊羹や木目羊羹など、さらには祝い肴の黒豆・田作りなどが、各メーカーや商品別に並んでいきます。クリスマス商戦の終わる二五日の夜には一斉に今度は正月用品の販売のために食品売り場の雰囲気がガラッと変わるのです(写真13)。

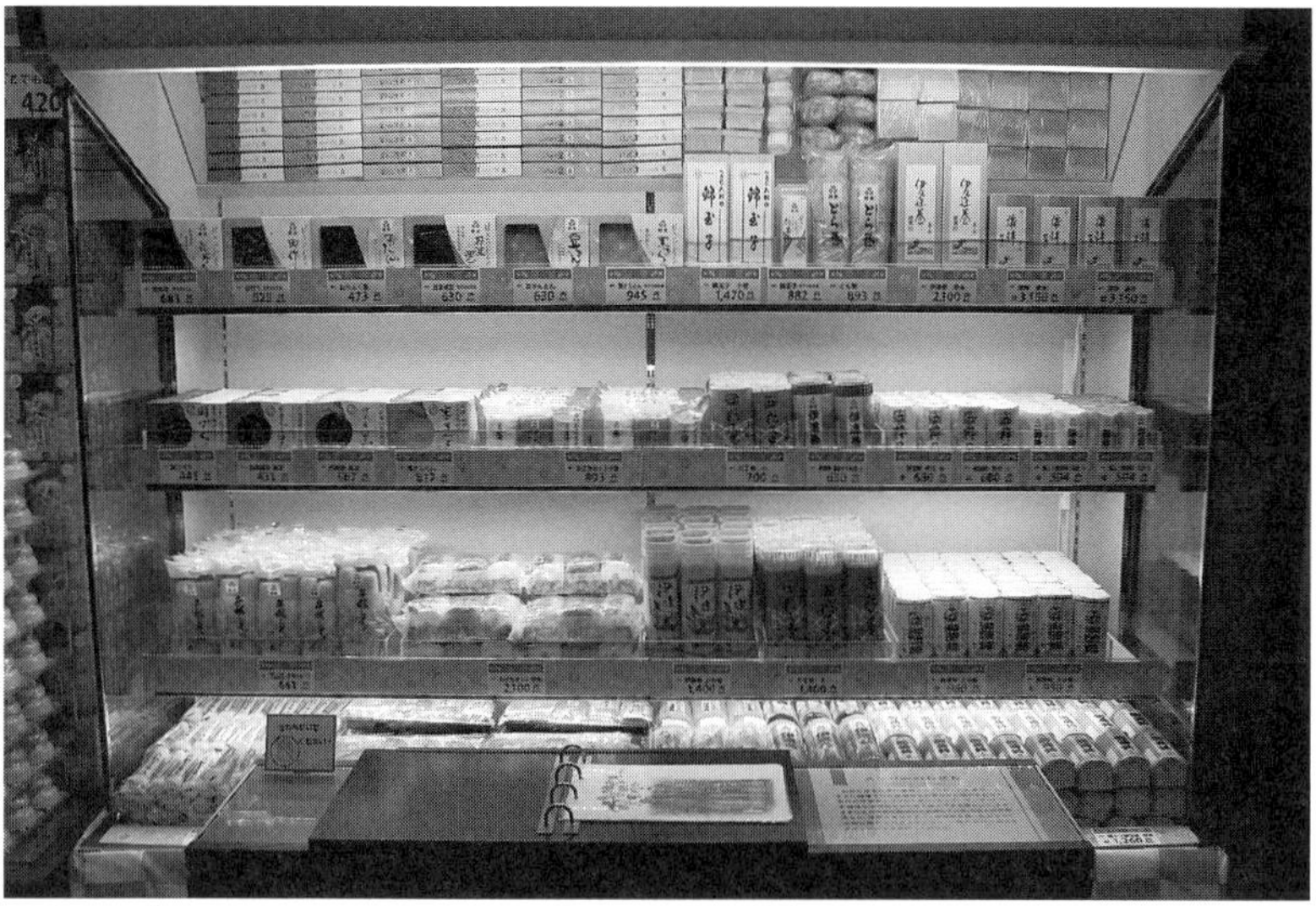

写真13　「スーパーマーケットの正月用食品売り場」再現

このような単品のおせち料理がスーパーマーケットでは大量に販売されるわけですが、人々はこれら既成品を購入し、あとは今でも家庭で作ることが多いといわれる煮染めなどと合わせて、重箱に詰めて正月を迎えてきたわけです。こうした時代が実は戦後ずっと続いてきました。今でもこうした家庭も多いのではないでしょうか。つまりスーパーマーケットの展示は、すべてセットになった重詰めのおせち料理を買う前の段階、自家製のものと既成品を自宅で詰め合わせる段階を提示しているわけです。

しかし、最近ではスーパーマーケットでも、すでに重詰めになったおせち料理の販売が盛んになってきています。パンフレットが用意され、予約を受け付けるようになっているのはデパートと同様です。ちなみに食品メーカーの紀文食品が重詰めにされたおせち料理の販売を一九八二年に開始しますが、その契機になったのはスーパーマーケットのプライベートブランドの製造依頼であったそうです。ただしこのときはカセット式というビニールで個別包装したものを自分で詰める方式でした〔紀文社史編纂委員会編　一九八九：二七四〕。

今まで述べてきたように現在のおせち料理のイメージは、ほぼ豪華な料理が重箱に詰められているものをおせち料理として認識し、何とか家庭で用意する段階から、すべてを購入する段階へと変わってきています。しかし、結局おせち料理というものは何なのだろうかと考えたときに、果たして重箱に詰めるものだけが正月料理だったのでしょうか。

四　多様な正月料理と近世の組重

実は正月料理のあり方というのは極めて多様でありまして、民俗的に見てみますと地域によって、それぞれ銘々で出す本膳料理であったり、また高知の皿鉢料理のように大皿に盛り合わせて、それをみんなで食べたりする地域などもあります。また正月料理をいつ食べるかも重要でして、一般には元日の朝だと捉えている人も多いのですが、中部地方や北陸などでも見られるように、大晦日の晩に一番の御馳走を食べる地域もまだ多いのです。これは一年の始まりを大晦日の夕方からとし、忌み籠もりをして年神を迎えるといった民俗的には古い形態だと考えられます。こうしてみると正月のあり方は多様であり、それに伴ってさまざまな料理がその地域ごとにあったわけです。

それがだんだんと重箱に詰めたおせち料理として収斂化し、定式化されていくわけです。近世の食物史研究者である松下幸子氏によれば、現在では、一般に一の重にきんとん、蒲鉾、伊達巻などの口取り、二の重に魚などの焼き物、三の重に野菜や昆布巻などの煮物、与(四)の重に紅白なますや菊花蕪などの酢の物で、祝い肴の数の子、田作り、黒豆は別の器か、一の重に詰め合わせるものとされていると指摘しています〔松下　一九九一：一〇九〕。さらに料理史研究者の本田総一郎氏は、重箱が三重の場合には、一の重に祝い肴、口取りをあわせて入れ、二の重に焼き物や煮物を、三の重に酢の物を入れるといいます〔本田　一九八六：四二〕。ちなみに祝い肴とは、新年に年神の訪れを祝い、屠蘇を飲むときの食べ物として理解されています〔本田　一九八六：三七〕。こうしてみると、単に多くの料理が重箱に詰められただけでなく、口取り、祝い肴、煮物、焼き物、酢の物など料理のカテゴリーごとに詰めていくようになりました。この口取り、煮物、焼き物、酢の物というのは、ご存じのように和食の基本的なカテゴリーです。

一方で、重詰めの正月料理は近世期からありました。しかしその中身は今とは大幅に異なっているのです。基本的に近世期には、祝い肴を重詰めにしていたようです。例えば、文化年間に幕府右筆である屋代弘賢が諸国の年中行事や人生儀礼などを尋ねる書状を出しました。これは年中行事や人生儀礼などの質問をしてものであり、後に民俗学では貴重な資料としてよく使われるものです。

そのなかで正月行事に関していくつか質問をしていますが、その一つに「組重の事、数の子田作たたき牛房煮豆等通例、其外何様の品候哉」という問いがありました。「組重」とは重箱に詰めた正月料理です。その重詰め料理は、数の子や田作り、たたき牛蒡、煮豆などが一般的ですが、その他にはどのようなものがありますかという質問です〔中山　一九四二〕。また幕末の江戸の風俗を記した『絵本江戸風俗往来』という書物にも、重詰めの品は田作り、数の子、座禅豆〔黒豆〕の三種であるといっています。

ただし地域や階層によって、組重に加えられるものがあり、煮物、串貝やするめなどが付け足されることもありますが〔奥村　二〇〇三：二四六—二五〇〕、現在のような焼き物や酢の物などさまざまな種類の料理が含まれることはありませんでした。

ちなみに明治期の東京の風俗を記した『東京風俗志』では、「鰊の子、煮豆、昆布巻、鱓、たたき牛蒡などを煮、重

治になっても基本的には数の子、煮豆、田作り、叩き牛蒡などの祝い肴を重詰めにしていたことがわかります。

を煮たものを「御節」とよんだそうです〔平出　一九七一（一九〇二）：三〕。つまり、名称は食い積みといったものの、明

箱に詰め」たものを「食積」といったそうで、それに対し大根、人参、八頭、牛蒡、蒟蒻、焼豆腐、青昆布、鱓など

五　婦人雑誌と明治期のおせち料理

ところが、明治期の婦人雑誌などを見ていると正月料理のなかに新たな種類の料理が入るようになります。それは口取りと言われるものです。現在私たちがおせち料理としてよくイメージする料理は、蒲鉾や伊達巻、栗きんとんなどであり、よくデパートやスーパーマーケット等でおせち料理として売られているものです。まさに今イメージされてする正月料理のほとんどは実は口取りなのです。

この口取りは実は祝いの席の料理であり、特に正月固有の料理ではありませんでした。しかも、この口取りという料理はおもに明治期以降、料理のなかで一つのカテゴリーとなり、しかも宴席自体では箸を付けることをせず、持ち帰って家で食べるものでした。かつてよくお祝い事で鯛の折詰というものがありました。その折詰のなかには、尾頭付きの塩焼きの鯛の他、伊達巻、蒲鉾、きんとんなどが必ず入っていたかと思います。まさにそれが口取りだったわけです。

このような口取りが重箱のなかに加えられていきます。例えば、現在でも刊行が続いている『婦人之友』は、女性を対象とした婦人雑誌であり、現在、幼稚園から大学まで一貫教育を行っている私立学校自由学園の創始者でもある羽仁吉一、もと子夫妻が刊行したものです。当初は『家庭之友』として刊行されており、現在刊行されている婦人雑

誌としては最も古い雑誌です（塩沢　一九九四：三三一―三五）。

その『家庭之友』のなかで、一九〇三（明治三六）年一二月号、一九〇四（明治三七）年一二月号、一九〇五（明治三八）年一二月号、一九〇六（明治三九）年一二月号に正月のおせち料理が紹介されています。ちなみに一九〇三年一二月は「家庭料理」と題して、実際には三段の重詰料理が示されています。著者は杉山さと子であり、「これも中等ならばまず三重、上に数の子とごまめを一緒にしまして、中が口取、（中略）にしめ」とあるのです。つまり三段の重詰であり、上段には祝い肴である数の子、田作りを入れており、中段を口取とし、がんぜき玉子・蒲鉾・かきするめ・琥珀糖・きんかんの作り方をそのあとで具体的に記述しています。そして三段目には煮染めとして、牛蒡、人参、棒鱈の料理が提示されているのです。

ところがその後の三年間は、宇山録子（禄子）により「正月料理」という題に変わっているのですが、ここで紹介されているのは重詰めのおせち料理ではなく、年始客接待用の客膳料理なのです。椀物やぬたなどもありますが、やはり中心的なのは口取りであり、松竹梅にちなんだ梅花卵や末広筍、松笠烏賊、蓑笠松茸や、きんとん、厚焼き卵などの作り方が示されています。

その後一九〇八（明治四一）年『婦人之友』と改題されます。同年一二月号では、田中よね子により「雑煮と重詰（新年料理）」が紹介されます。ここでもやはり、内容は口取りと煮染めです。口取りは慈姑のきんとん、長芋羹、蒲鉾、梅花卵、竹節昆布、松葉牛蒡であり、煮染めは、里芋、牛蒡、慈姑、人参、むすび蒟蒻です。ただし重箱の詰め方については特に指示がありません。さらに一九〇九（明治四二）年一二月号、一九一〇年（明治四三）年一二月号もやはり、口取りが中心になっています。一九〇九年一二月号の場合には、蒲鉾、インゲン豆のきんとん、カブ、牛蒡、卵を松竹梅に見立てたもの、そのほかに照りごまめつまり田作り、柿なますと人参、牛蒡、里芋、豆腐、蒟蒻の煮物です。一九一〇(明治四三)年一二月号は、口取りが達磨長芋、鮭蒲鉾、梅に短冊の流しもの、碁石豆であり、その他に煮豆だけの紹介です。

一九一一(明治四四)年一二月号では、重詰めではなく客膳料理のメニューで吸物、柿なます、煮物、刺身が掲載されているほか、やはり口取りとして、小鳥もどき、松笠烏賊、松葉銀杏などの料理があげられており、口取りの占める割合が大きいのです。

以上のように、『家庭之友』『婦人之友』といった婦人雑誌に紹介されているおせち料理は、かなりの割合が口取りの内容によって占められています。そして数の子や田作りといった祝い肴や、野菜の煮染めなど近世以来の正月料理に、近代になって口取りが加えられ、重要な位置を占めていくようになったことがわかります。つまり、現在の重詰めのおせち料理のなかで、一つの重を構成する口取りが、明治期になって新たに加わっていったのでした。

六　多様な重組

さらに大正期になると、重詰めにするおせち料理はその料理の種類が多様になっていきます。一九一四(大正三)年一月号、一九一五(大正四)年一月号は、豪華な五段の重箱の料理の中身が紹介され、それにはじめて図解で料理の盛り込み方も掲載されています。一の重は、煮豆や田作り、きざみ鯣、昆布巻きなどおもに祝い肴を入れています。また二の重には今では珍しい紅白の刺身を、さらに三の重は口取りで、蒲鉾やきんとん、海老黄金焼、梅型慈姑などであり、四の重と五の重には煮物や酢の物などが混在しています(図1)。

また一九一八(大正七)年一月号では、単に重詰めのおせち料理ではなく、さらに地域性をもった「上方風の重詰料

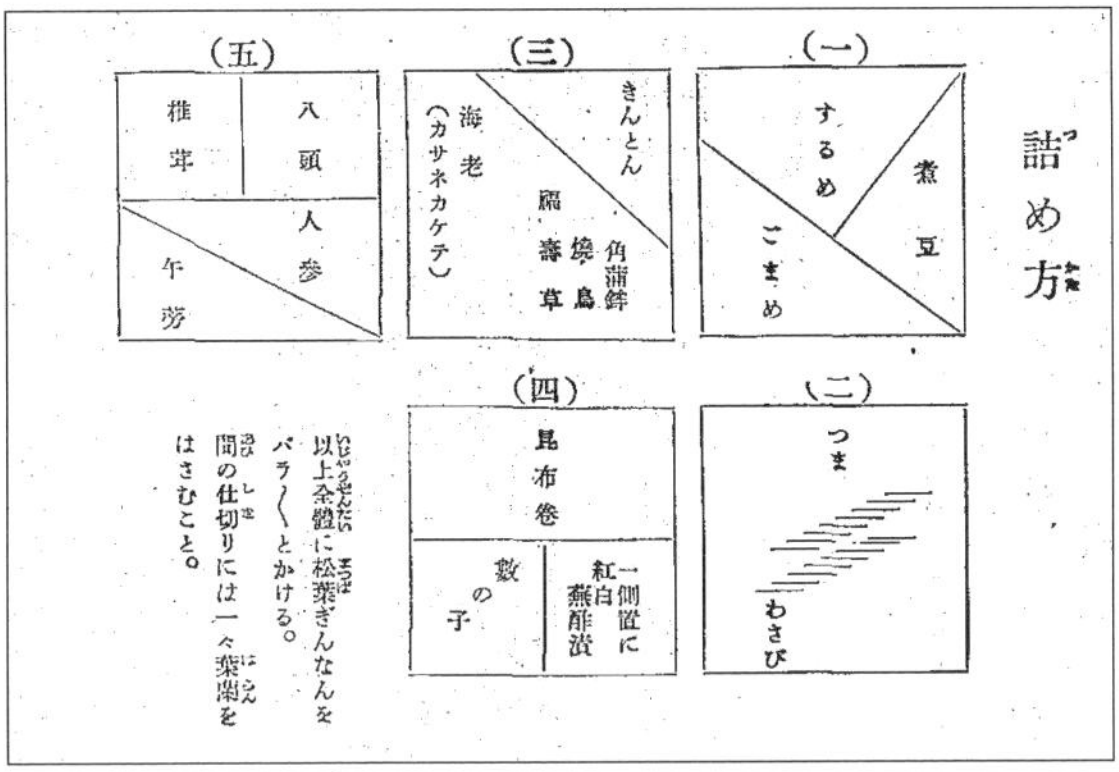

図１　**料理の詰め方**（『婦人之友』大正三年一月号より転載）

理」が登場しています。それでも一の重に口取りがやはり入り、二の重に煮物、三の重に酢の物が充てられます。さらに一九一九（大正八）年一月号は、「新年手軽お重詰」として、一の重が「即席お雑煮」として、重箱のなかに入っているのは、梅花くわい、松茸、竹輪、挽鶏、ほうれん草であり、二の重が「お口取り」として日の出玉子、霰昆布、淡雪羹、鮭の千草焼、結びいもです。三の重が「お節煮」として牛蒡、芋、人参、蒲鉾、注連蒟蒻、勝栗、田作、よろ昆布です。『東京風俗志』であるように煮染めのことをここでもおせちといっています。与の重つまり四段目で「お酢の物」が入り、箭羽根さより、箭の根大根、松葉柚子です。

　こうして次第に、重詰め料理が現代のように、煮物、酢の物など、料理のカテゴリーに対応させて詰められるようになってきました。さらに一九二六（大正一五）年一月号は、一の重がきんとん、蒲鉾などの口取り、二の重が小串の鯛、八頭、高野豆腐、三の重が鯖の昆布締めや菊花蕪のあちやら、霜降り羹が入れられています。

　大正期の料理に関する記事も、明治期と同じように、毎年重詰め料理が紹介されるわけではなく、会席料理や雑煮、餅料理だけの年もあり、現在の婦人雑誌のように正月というとおせち料理であり重詰めを中心とする内容とは、記事の位置づけと内容が大きく異なります。

　以上のように大正期には、重詰め料理のバリエーションが増えていくとともに、煮物や口取り、酢の物といった料理のカテゴリー別に重箱のそれぞれの段を対応させていくようになりました。しかしここで登場するのは、現在ではほとんど見ることのない、刺身の重や雑煮の重がそれぞれ単独に存在しており、現在正式とされている口取り、祝い肴、煮物、焼き物、酢の物のカテゴリーが確定しているわけではありませんでした。

大正期の重詰め料理のこのような傾向は、今まで見てきた『婦人之友』だけではなく、大衆の主婦層の間に爆発的に売り上げを伸ばした『主婦の友』においても同じような傾向を見て取ることができます。例えば、一九一九（大正八）年一月号では、成女高等女学校教師多田糸子によって「お正月の重詰の献立」の記事が見られます。そこでは、初の重は吸い物、二の重は口取り、三の重は酢の物、与の重は旨煮となっており、酢の物の重が登場する一方で、吸い物の重も見られるなど、料理のカテゴリーが明確になっているとともに、今ではあまり見慣れない吸い物の重など、『婦人之友』の刺身の重のように定型的ではない多様な要素ももっています。ただし、現在につながる重要な点は、酢の物の重がほぼすべてに見られるようになった点です。つまり、口取り、煮物、酢の物が大正期にほぼ揃ったことがわかります。

七　見せる口取り

そこで明治期に登場した口取りについて見てきたいと思います。婦人雑誌に登場した明治期の口取りは、かならずしも現代の物とは同じではありません。なかでも顕著に見られるのが卵料理でその種類が多様です。ゆで卵を五本の箸で押さえることで梅形に型どりする梅花卵や、ゆで卵を崩して固めたがんぜき卵、また厚焼き卵などもあります。ただし、今では必ず見られる伊達巻は明治期には登場しませんでした。しかし伊達巻自体がないわけではなく、一九〇五（明治三八）年一一月号の「家庭料理」では、口取りのなかに伊達巻玉子や栗きんとんが見られます。現在おせち料理の代表格である伊達巻や栗きんとんは、当時、必ずしも正月用として意識されたものではなかった可能性が考えられます。正月によくつかわれるきんとんは、いんげん豆や慈姑などが材料であり、正月に栗きんとんが登場するのは大正期以降なのです。

むしろ口取りは、料理の見栄えを重視して、松竹梅に見立てた料理がよく紹介されています。松に関しては松かさをイメージする料理が取り上げられています。「松笠烏賊」はイカに包丁で切れ目を入れて焼き表面を松かさのようにするものですし、「松毬卵」はゆで卵にあんと上新粉を混ぜたもので包み、筋をつけて松かさに見立てたものです。竹に関しては筍を切れ目を入れて扇形にした末広竹の子、昆布を巻いて煮て竹に見立てた「竹節昆布」、また梅に関しては先ほど示した梅花卵や慈姑を梅型に切って煮た梅型慈姑などがあります。またきんとんなどのほか、琥珀羹や山芋羹など、甘い料理も多く、見立てと甘味で占められています。

ここでもう一度口取りについて考えてみたいのですが、用語としてはすでに江戸中期からありました。しかし当初は饗宴の後の濃茶に出される茶菓子の意味だったそうで、現在のように口取り肴として饗宴の料理のなかで、鉢などに盛り合わせられた卵焼きやきんとんなどの意味で使用されるようになったのは、明治大正期からです。それはおもに宴が終わって自宅に持ち帰り食べるものでもあったのです〔川上　二〇〇六：六九四―六九五〕。そうすると、当時の料理のなかで、彩りもうつくしく、宴に参加した人だけでなく、家族の誰もが特別な料理として認識し食べていた口取りが、正月料理のなかにまず加えられるようになったと考えられます。

八　料理教育とおせち料理

現在正式と理解されている重詰めのおせち料理のカテゴリーである、口取り、祝い肴、煮物、焼き物、酢の物が、ほぼ揃うようになるのが昭和初期の段階です。婦人雑誌に掲載された料理を紹介しているのは当時、おもに割烹教育つまり料理教育を推進した人々でした。このような人々は割烹教室を自分で主催しながら、料理雑誌などを刊行したり、婦人雑誌に掲載する傾向があります。また、女学校でも割烹教育というのは重要な科目になり、正月料理などもその対象に含まれていました。

そして婦人雑誌のおもな読者は誰かといいますと、都市の新中間層、給与所得者の主婦でした。明治に洋食が入ってくるなかで、従来の料理が和食というカテゴリーになると、それを対象化し、本来プロの世界の料理も含めて家庭向けにアレンジし、雑誌や学校などの教育を通して主婦に浸透させ、そのなかでおせち料理も展開していくようになるわけです。

戦前の段階の正月料理というのは、重詰め料理だけでなく、本膳料理といわれる汁物に焼き物や煮物などの膳を中心とした料理もありました。むしろ人を接待するためにも、本膳料理のほうがよく紹介されていました。ところが、大正から昭和にかけてだんだんと重詰めの料理に収斂化していき、戦後になりますとほとんど重詰めだけになります。つまりおせち料理は、近代を通して徐々に形成されていったわけです。一方で洋食の紹介も早く、先ほどの『婦人之友』では、一九〇四（明治三七）年一二月号に正月料理の一部として牛のタン、一九〇五（明治三八）年一二月号は蠣料理が、おせち料理に添える物として紹介され、「重宝するもの」と位置づける記事になっています。

戦後になりますと、婦人雑誌では、従来の和食のおせち料理とともに洋食などを交えつつ、ある意味新しさを加えながら、むしろ特集が強化されていきます。特に高度経済成長期以降、重詰めのおせち料理を、旧家や郷土、要するに地域の風習との関連を示すことで、伝統性が強調されるようになります。そうしたことで、料理の由来、例えば、黒豆や数の子にはどういう意味があるかという、意味づけとともに紹介されていくようになります。さらにバブル期以降になりますと、料理の作り方とともに、むしろ購入することを薦めるようにもなっていき、有名な料亭の料理が積極的に紹介されるようにもなっていきました。

戦後の料理教育に関しては、料理教室が時代に合わせて継続していくとともに、テレビ番組が重要になってきます。NHKの「きょうの料理」は、一九五七年から放映が開始されますが、通常一二月に放映される一月号分の内容はおせち料理が定番となっています。そしてテレビの料理番組とともに、そのテキストも刊行されますが、基本的には主婦向けの教育として位置づけられていきます。

一方で、メーカー側でもおせち料理に関して積極的な展開があります。「土井勝テレビお料理教室」というのは聞いたことがあるかと思います。有名な料理家の土井勝氏の料理番組ですが、食品メーカーである紀文食品がスポンサーになり開始されたものです。それに関連し全国で料理教室が開かれました。そしてお正月特別料理講習会を全国で行っていきます。さらに紀文食品は「お正月こそ日本人」といったようなキャンペーンを行うことで、おせち料理の普及を図っていきます（写真15、16）〔紀文社史編纂委員会編　一九八九：二六八―二七一〕。

このように、現在私たちが正月に身近に食べているおせち料理、それは伝統を伴っているものとイメージしやすいのですが、近現代の時代を通して、その内容の変化とともに形成されてきており、単純に近世の重詰めがそのままではないところに、大きなポイントがあるかと思います。そして、そこには婦人雑誌や割烹教育、さらにはテレビの料

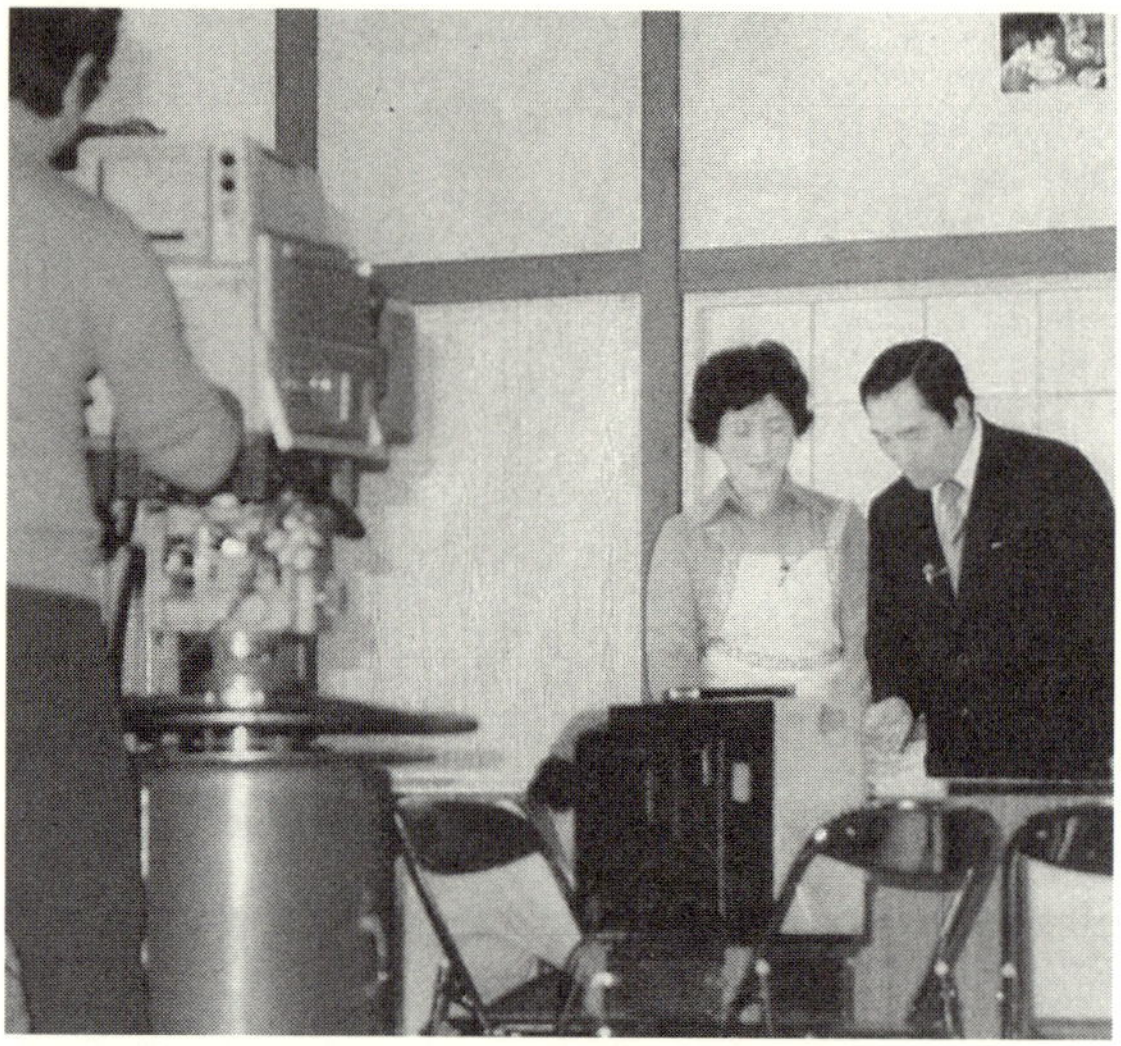

写真15　「土井勝テレビお料理教室」収録風景(『KIBUN：革新と挑戦と夢』1989より転載)

写真16　おせち料理特別講演会(『KIBUN：革新と挑戦と夢』1989より転載)

理番組など、さまざまな要素が絡み合ったなかで、それぞれの家庭でのおせち料理が形成されていることを、考えていただければと思います。

九　鏡餅の変化

最後に正月のものとして、鏡餅のお話に移りたいと思います。お供え餅ともいいますが、正月には丸餅を大小二つ重ねたものを飾ります。お餅を搗いて丸めた昔通りの鏡餅を用意する人もいるかと思いますが、スーパーマーケットなどでプラスチックでパックされた鏡餅を飾る人も多いと思われます。

写真17　展示場「鏡餅売り場」

搗いた餅を丸めた伝統的な鏡餅から、一九七〇年代以降プラスチックパックの充填式の鏡餅に変わっていきます。さらに、一九九三年になりますと、小餅入りの鏡餅、それは鏡餅形のプラスチックパックのなかに、個別包装された小餅が入っているものとなり、最近ですと壁掛け型の薄型鏡餅なども販売されるようになります。また鏡餅にさまざまな装飾が付けられるようにもなりました。こうした鏡餅の変化を産業化との側面から見ていきたいと企画したのが鏡餅の展示です。このような鏡餅の変化は、いうなれば形態の玉突き状態となっています（写真17）。

鏡餅の大きな転換は、一九七二（昭和四七）年に充填式の鏡餅が開発されたことです。二段重ねた鏡餅の形のプラスチックパックのなかに、軟らかい餅を流し込みパッケージをして、カビを防ぎました。カビのない鏡餅を鏡開きのときに食べられるようにしたいということで、充填式の鏡餅が開発されました。しかし、本来の鏡餅は大小の丸餅を重ねて飾るもので、メーカーによっては、大小それぞれ分離してパック化し、重ねて使用するものを販売していたところもありましたが、他のほとんどのメーカーは上下一体化したパックに餅を充填する形態でした。こうしたことからも当初は違和感があるので、組合や業界は積極的に、鏡開きの一月一一日を過ぎても食べられるということを、婦人雑誌やテレビコマーシャルを通して宣伝してきます。そして実際には鏡餅を無駄にしないということで、どんどん売上を伸ばしていきました。

しかし一九九三(平成五)年、家族成員の減少によって、充填式の鏡餅では大きすぎて食べきれない、また何カ所も飾ればさらに大変だということになりました。また餅を切り分けるのも大変であるなど、いろいろな意見が出てきたそうです。そこでメーカーは、半透明であったパッケージをやめて餅色の不透明色にし、そのなかに個別包装した餅を入れれば、鏡開きですぐ食べることができるということでできたのが、小餅入りの鏡餅です。なかには当初「福餅」と称して丸餅を入れました。福餅と称することで、正月のめでたさとともに民俗的な連続性を喚起することとなります。今ではパックの鏡餅のうち、この小餅入り鏡餅が半分以上のシェアを占めることになったそうです(写真18)。

さらに二〇一一(平成二三)年、地上デジタル放送により、従来のブラウン管形のテレビではなく液晶の薄型テレビに替わっていきます。これによりテレビの上に鏡餅が飾られなくなるのではないかという危機感から、壁に掛けたり奥行きのない場所にも飾れるようにと薄型の鏡餅が開発されました。正面から見ると鏡餅型のパックですが、後部は切り取られたかたちになっています。なかには個別包装の小餅が入り、壁にも掛けられるようにフックがついていいます。メーカーによれば、鏡餅の慣習を残すためにも飾られないよりはいいということで、開発したといいます。

写真18　小餅入り鏡餅（佐藤食品提供）

写真19　裏白や三方が付属する

以上のように、鏡餅が鏡開き後も食べられるようにと、産業のなかに取り込まれることによって、充填式の鏡餅が開発されました。これがある程度浸透すると、さらにパックのなかを細かくすれば食べやすいということで、小餅入りの鏡餅が開発され、さらに今度は薄型となっていきます。このようにそれぞれの時代の重要と思われるポイントによってその進む方向性が変わっていき、さらに次の時点でもまた新たな方向性ができていくといった、まさにビリヤードの玉突きのような変容の連鎖となっています。鏡餅という慣習はありながらも、その実際は当初とは大きく異なる状況が生まれており、産業化によって民俗の姿も大きく変容しています。

こうした際に、その連続性を保持するために、鏡餅らしさ、正月らしさを追求していくことになります。充填式の鏡餅が販売された当初は、鏡餅部分だけではなく、プラスチックの橙や御幣、裏白、組立式の三方をつけ鏡餅らしさを出していきます（写真19）。しかし、それだけだとそれぞれのメーカーごとに差異化できないということで、近年、橙の代わりに干支の動物や招き猫、達磨などのマスコットを載せたものも販売されるようになりました。実はこれは大変人気がでて、十二支のマスコットを一二年かけて集めるなどコレクシヨンの対象になっているようです（写真20）。

こうすると、さらにさまざまなものに展開し、鏡餅と門松、鏡餅と繭玉を飾りケースのように組み合わせたものも販売されています。鏡餅と門松は通常並んでは存在しないものですし、餅花も多くの場合小正月に作られるものですので一緒になることはあまりありません。鏡餅の付属品も、以前は橙や裏白など鏡餅だけに限定されていたわけですが、門松や橙といった正月らしさをもつものに拡大し商品化されていくことで、しだいに鏡餅もオブジェ化していく

写真20　マスコット付き鏡餅

写真21　門松や繭玉のある鏡餅

ということがわかるかと思います（写真21）。こうした鏡餅の変遷を通して、正月に鏡餅をかざることは、現在の私たちにとってどのような意味をもつのかを考える素材となることを願って、この鏡餅売り場を企画したわけです。

まとめにかえて

重詰めのおせち料理という現在一般化しているイメージは、近代になって都市中間層向けの正月の迎え方として、かなり広く受容されてきたものと考えられます。こうしたことから戦前の段階では、伝統ということは当時のメディアなどではあまり強調されていません。しかし戦後、大衆化し広く浸透していくなかで、このようなおせち料理が伝統的と捉えられるようになります。

実はそこには、料理人というプロフェッショナルの和食の家庭料理化というプロセスがあります。口取りは料理人が作っていたものを家庭で主婦ができるように、割烹教育などを通して広がっていきます。現在の重詰めのおせち料理の参照点は常にプロフェッショナルの料理であり、常に外部に依存する可能性をはらんでいました。戦後、理想とされた重詰めのおせち料理を作るよう盛んにメディアがその作り方を広めていく一方で、料亭へのあこがれなどハイクラスのまなざしのようなものがあり、それがデパートを通して入手できるようになり、現在普及しているわけです。

そのような点でデパートというのは、さまざまな民俗行事を商機として捉え、中間層に普及させていく装置であったわけです。これは正月だけではなくて、後でコメントいただきます神野先生のご研究にもあるように、ひな祭りや七五三などにもデパートが積極的に介在していきます〔神野　二〇一一：二〇二一―二一三〕。そのような現象は正月にも生じているわけです。現在我々にとって、デパートやスーパーマーケットを通して正月を迎えるようになっています。

こうした現象を捉えた際に、我々にとっての正月とは何かを考える手がかりとして、「えっ？」と思っていただきたいのが、この「行事食の変化」の展示でございます。話は尽きませんが、以上で終わりにさせていただきます。どうもありがとうございました。

参考文献

奥村　彪生　（二〇〇三）「解説」『日本の正月料理』（農山漁村文化協会編『聞き書　ふるさとの家庭料理20』農山漁村文化協会）。
川上　行蔵　（二〇〇六）『日本料理事物起源』（岩波書店）。
木村　涼子　（二〇一〇）『主婦の誕生』（吉川弘文館）。
塩沢　実信　（一九九四）『雑誌１００年の歩み』（グリーンアロー出版社）。
神野　由紀　（二〇一一）『子供をめぐるデザインと近代：拡大する商品世界』（世界思想社）。
中山太郎校注　（一九四二）『諸国風俗問状答』（東京堂）。
平出鏗二郎　（一九七一〈一九〇二〉）『東京風俗志』新装版（原書房）。
本田総一郎　（一九八六）「おせち料理の伝統と行事」（『食の科学』一九八六年一月号）。
松下　幸子　（一九九一）『祝いの食文化』（東京美術）。
紀文社史編纂委員会編　（一九八九）『Ｋｉｂｕｎ：革新と挑戦と夢』（紀文）。
山田　慎也　（二〇一二）「鏡餅の行方」（『歴博』一七三号）。

衛生観と身体観の変遷
―「現在の家族像」から―

青木　隆浩

一　「家族の変容」の概要

本館の民俗研究系の青木です。「『民俗』へのまなざし」というコーナーの最後のほうにある「現代の家族像」について、展示の趣旨とその資料の説明についてお話していきます。もともとこの展示のコーナーは、とても情報量が多いところで、説明しきれないほどの分量がありますので、サッサと進めていきます。

まず、中テーマ「現代の家族像」の構成ですが、二つの小テーマに分かれています。一つが「家族の変容」、もう一つが「理想の身体」です。もともと家族といいますと、民俗学においては共同体、村落社会、地縁・血縁・社縁あるいは町内会、団地、あるいは親子関係などについて研究してきました。そこには、民俗学が基本的に対面的な人間関係と、それによる情報の伝達・共有のあり方を重視してきたという背景があります。それに対して、今回の民俗展示では、共同体の崩壊ですとか、あるいは地縁・血縁・社縁の希薄化、さらには非対面型のコミュニケーションというものに着目しました。例えば、かつて多かった知人や上司から結婚相手を紹介されるということが、近年少なくなってきました。これは、地縁による結婚や社内婚の減少などを背景としています。また、恋愛の過程を省略した結婚情報の氾濫というものが起きています。地縁・血縁の希薄化から、一時期恋愛マニュアル、デートマニュアルが氾濫して、その後それらに代わって婚活情報が増大しているわけです。また、育児や家庭教育・料理などの生活に必要な情報は、もともと親子間や親族の中で共有されていましたが、今では書籍、雑誌、インターネットによって収集されるように変わってきました。

写真1は、現在展示している第四展示室の「家族の変容」です。先ほど申しました、情報が段々とマニュアル化されてきた様子が、ここのコーナーで展示されています(写真2)。また、山田さんの報告にもありましたように、家庭生活が商業主義に取り込まれていった様子も、ここのコーナーでは取り上げています。例えば、次にコメントしてくださる神野さんの研究テーマでありますが、もともと大人用と子ども用の区別のなかったものが、教育的な効果や子どもらしさの演出を強調した子ども向けの商品の開発によって、児童用品という別のジャンルが作られていきました。その延長線上に子ども部屋という特殊な空間ができあがったと考えられます。その他にも、七五三やひな祭りといった人生儀礼や年中行事の商業化、あるいは総菜や冷凍食品などによる食卓の既製品化についても展示しています。

それと、家族の枠組み自体が変化しつつある状況を示す例として、ペットの家族化を取り上げています。かつて犬や猫は家の外で飼うものでしたが、近年ではペットを家族と同様に扱うようになり、家の中で飼える小型犬や内猫の人気が高まっています。そして、ペットの擬人化が進み、ペットのおみやげですとか、ペット葬などが流行してきたことをここでは取り上げています。

さて、写真3は「家族の変容」に展示されている様々な子ども用品です。こちらでは、小学生の学校教育や習い事に関する教材や道具類を展示してあります。

写真１　「家族の変容」の展示コーナー

写真２　出会いから結婚，子育てに至るマニュアル本の数々

写真３　子ども用品の数々

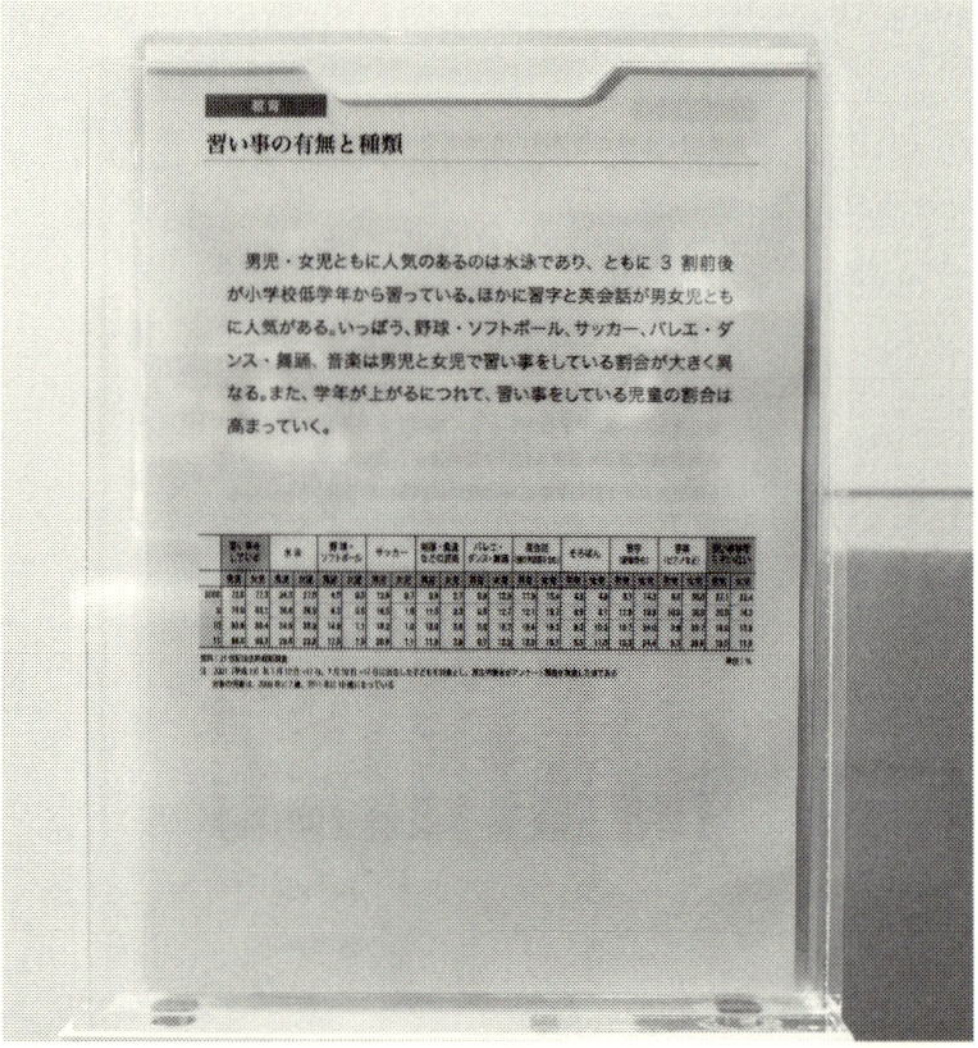

写真4　「家族の変容」の基礎データ

写真5　「家族の変容」のデータファイル

この「家族の変容」の特徴ですが、男女の出会いから、結婚、出産、子育てに至る現代の家族生活を、おもにデータで示しています。この展示のモデルとなる実在の家族があるわけではありません。展示しているのは、統計データの平均値をもとにした架空の家族です。例えば、ここで紹介している出会いのきっかけや、結婚・出産年齢、子どもの名前、習い事、食事の変化などは、すべて統計データの平均値に基づいています。なぜこのようにしたかといいますと、実在の家族を取り上げるには、様々なプライベートな問題があると考えたからです。また、実在する家族は、個別の事情、特徴が多すぎるため、どれか一つを典型例として示すことが難しいと判断しました。したがって、このコーナーにおいては、これらのデータが非常に重要なものになっておりますので、展示室でゆっくりとご覧になっていただきたいと思います。一つはパウチして足元のアクリルケースに差し込んであります（写真４）。足元にあるので、しばしば蹴り飛ばされて倒れております（笑）。もう一つは、パウチされたものをテーマごとにまとめてファイルにし、テーブルの上に置いてあります（写真５）。椅子に座ってゆっくりとご覧になっていただければと思っております。ファイルを開くと、データを加工した図表と解説がみられます。

二　「理想の身体」の概要

このように「家族の変容」がデータに基づいた解説重視の展示であるのに対して、もう一方の「理想の身体」はビジュアルに重点を置いて、見た目の印象で衛生観、身体観の歴史的変化を表現しようとしたものです。当時は当たり前であったことが、今となってはそうではないことをあらためて見直すことで、現在の「当たり前」に対しても過去との対比から疑問を持つことができる展示だと考えています。写真６は、「理想の身体」の展示コーナーです。

まず、これを学説的にどのように捉えるかということをまずご説明しておきたいと思いますが、衛生観や身体観に関する研究をおこなってきたのは、実は民俗学よりもそれの隣接分野でありました。具体例をあげますと、江馬務を代表とする風俗史学でありますとか、あるいは今和次郎《こん》の考現学、南博による日本人論、その他社会学や家政学などでありました。

民俗学で身体観研究といいますと、どちらかといえば芸能・祭礼の動作や職人の技能、あるいは日常使う身振り手振りや仕草などが中心的なテーマとなってきました。また、衛生観といいますと、穢れや厄除けの研究がこれまでの民俗学の主要なテーマでした。一方、江馬務を中心とした風俗史学では、服装や髪形について歴史学的な考証をした上で、今でいうコスプレのようなことをやって、時代ごとの身なりを写真におさめて記録に残していました。もう一つの、今和次郎を中心とする考現学の研究チームは、街頭で観察した結果をどんどんスケッチしていって、できるだけ数量的にデータ化していきました。例えば、西洋髪と日本髪の割合はそれぞれ何パーセントずつなのか、あるいは、外出時の持ち物は何か、化粧をしているか否かといったことを地域ごとに調査し、統計で明らかにしていったというのが考現学の特徴です。このように風俗史学と考現学は、身なりや美意識といった身体観に関わる研究を積極的に蓄積していったのです。

その一方で、民俗学は風俗史学や考現学と密接な関係を持ちながら、なぜ身なりや美意識といった研究から離れていってしまったのでしょうか。まず、民俗と風俗の関係からいいますと、民俗を変わりにくいもの、風俗を変わりやすいものとして差別化する論調があり、それによって民俗学が流行に左右されやすい衛生観や身体観をあまり研究対象にしてこなかったということがあると思います。考現学との関係につきましては、両者とも現在の世相に対する人びとの思い込みへの疑問から問題提起をする学問でありながら、民俗学はその要因を国の歴史から明らかにしようとするのに対して、考現学はより細かなレベルに注目したというところに違いがあります。民俗学が国の歴史に重点を置くことに考現学との差別化を図るという視点は、柳田國男自身が示していることでもあります。そして、民俗学は短期的な変化を研究対象としてあまり扱ってこなかったため、考現学がおもな研究対象にしてきた都市生活者の身なりや持ち物について議論をする機会を失ってしまったと考えられます。

最後の社会心理学による日本人論は、時代ごとに変化する世相を社会心理によって説明する立場です。かつては、大

写真6　「理想の身体」の展示コーナー

正の世相であるとか昭和の世相などが、社会心理学の研究テーマとなってきました。柳田國男の代表的な著作にも『明治大正史 世相篇』があるように、民俗学と社会心理学もまた密接な関係にありました。ところが、同じ世相の変化に対して、民俗学が国の歴史という外的な要因を重視したのに対し、社会心理学は集団心理という内面的な要因を重視してきました。それらの違いは、両者が類似した研究テーマを扱いながら、本格的な議論をする機会をこれまであまり持たなかった原因になっていると思われます。

　このような状況に対して、民俗学が身体あるいは衛生というものに関して扱った数少ない研究対象としましては、例えば仕事着、野良着、古着、晴れ着、かぶり物、履物、風呂といったものがあるかと思います。それらを扱ったおもな研究者としては、まず民具学あるいは女性で民俗研究を担ってきた人たちが挙げられます。例えば、宮本馨太郎や、瀬川清子、江馬三枝子、また歴博のＯＢですけれども、朝岡康二さんや岩本通弥さんなどがそれに当てはまるかと思います。彼らの多くは、衣服を自分で仕立てて繕いながら着続ける、あるいはかぶり物を編んでかぶる、耐久性に乏しい履物を大量に製作する、銭湯で体を洗うといった行為や記憶とそれによって残されたものを研究対象にしております。その中で、岩本さんは都市住民の生活に重点を置いていますが、それ以外の研究者は農山村の生活をおもに扱っていました。

このような研究史の流れから、民俗学はこれまで都市部から発生した流行が地方の生活に与えた影響について、あまり議論してこなかったのではないかという疑問が出てきます。むしろ、従来の民俗学は、手作りとしての生活用具と、それによって形成された生活様式に関心を集中させてきたために、近代化以降の企業によって作られた生活用品・生活様式というものにあまり注目しなかったのではないでしょうか。そのために、身体に関わるものが使用者による手作りから企業によって作られた工業製品へと転換されていく中で、モノを通じた身体観や衛生観に対して、あまり目を向けなくなってしまったのではないかと思われるのです。

そこで、今回の展示では、工業化・商品化が進んでからの生活用品・生活用具に目を向けることで、現代の身体観や衛生観に民俗学が踏み込んでいけるきっかけを作ろうと考えました。そこで最も参考にしたのが、天野正子さんというたいへん有名な教育社会学者が中心となって刊行した『モノと人の戦後史シリーズ』でした。このうち、一九九二年に有信堂高文社からシリーズとして最初に刊行された天野正子・桜井厚著『「モノと女」の戦後史』の中で、天野さんはたいへん興味深い問題関心を示しています。それは、「さまざまなモノがつくりだされてきた背景をさぐり、モノとそれをつかうヒト、とりわけ女性との、相互のはたらきのダイナミックな過程を追いかけ、あとづけていくなかで、『昭和』、とりわけ『戦後』という時代のなにがどのようにみえてくるのか」という一文です。この問題関心を抱いた背景としては、フランスの著名な社会史学者であるフェルナン・ブローデルと柳田國男の『明治大正史　世相篇』からの影響があったそうです。ブローデルは、文字に残されていなくても、物質文化から歴史をみるという研究手法を実践しておりますし、柳田國男も明治・大正・昭和時代に人びとの生活がどのように変化してきたのか、その要因をモノあるいは物質から説明しようとしていました。つまり、民俗学が工業化、商品化の過程で手放していった研究テーマを、天野さんはブローデルや柳田の方法を踏まえながら、むしろ積極的に取り上げていったのです。

その天野さんが共著者とともに取り上げた対象は、先ほど紹介した『「モノと女」の戦後史』では、パンスト、下着、ナプキン、避妊具、洗濯機、流し台、トイレ、手帳、たばこ、そして二〇〇七（平成一九）年に吉川弘文館から刊行した天野正子・石谷二郎著『モノと子どもの戦後史』では、おむつ、校舎、子ども部屋、学習机、育児書、制服、バリカン、写真、わらべ歌、おやつ、マンガ、母乳とミルク、回虫、学校給食となっています。また、シリーズの中で吉川弘文館から最後に刊行された二〇〇八（平成二〇）年の石谷二郎・天野正子著『モノと男の戦後史』では、喫茶店、書斎、墓、カツラ、エロ、ランチ、スーツ&ネクタイ、社章などが取り上げられています。「理想の身体」の展示では、必ずしもこれらと対象を同じにしているわけではありませんが、生活に関わるモノの中でも身体観や衛生観の変化に影響を与えてき商品に焦点を当ててみようと試みたのです。

三　「理想の身体」の展示構成

その展示構成は、大きく三つに分かれています。一つ目はピックアップ展示で、コーナー入口の高さの低いケースに、発売時期が古くて、なかなか手に入らない貴重な資料を展示してあります（写真7）。現在展示してあるのは、資生堂のコールドクリーム（写真8）、柳屋のポマード（写真9）、ライオン歯磨（写真10）、花王石鹸（写真11）、カネボウ化

写真7　「理想の身体」のピックアップ展示

粧品のサボン・ド・ソワ（写真12）などです。昭和初期に発売された柳屋ポマードは、説明書に「男性にも使用していただけます」と書かれており、ポマードがもともと女性用に作られたことを示す興味深い商品です。また、カネボウ化粧品が一九三六（昭和一一）年に発売した化粧石鹸「サボン・ド・ソワ」は、もともと繊維産業から出発した同社が、化粧品業界に参入するきっかけとなった商品です。かつて身近であったはずの消費財は、使用後に次々と捨てられてしまうので、後世にあまり残っていかないのですが、このピックアップ展示では、そのような理由で滅多にみられない資料を時々交換しながら、来館者の方々へご覧になっていただきたいと考えています。

二つ目は、ファッション雑誌の創刊号コレクションです（写真13）。雑誌の創刊号は、創刊当時の社会状況をよく表しています。例えば、欧米化が進んだ一九七〇年代には、『アンアン』や『マリ・クレール』といった欧米の出版社と提携したファッション雑誌が次々と刊行されましたし、一九八〇年代中頃にはデザイナーズ・ブランド

写真11　花王石鹸　1950（昭和25）年

写真12　カネボウ化粧品
「サボン・ド・ソワ」
1936（昭和11）年発売

写真8　資生堂「コールドクリーム」
昭和初期

写真9　柳屋ポマード　昭和初期

写真10　ライオン歯磨
大正後期～昭和初期

と連携した若者向けのファッション雑誌が人気を博しました。また、女子大生ブームを背景に、『ジェイジェイ』や『キャンキャン』などのいわゆる赤文字系雑誌が勢力を拡大したのもこの時期です。さらに、一九九〇年前後のバブル経済期には、都市部の上流階級を模範とした生活情報誌が増え、その後、一転してストリート・カジュアルのファッションが流行すると、『ジッパー』や『ストリートジャック』などが台頭します。その一方で、ギャルブームが巻き起こり、『エッグ』や『カワイイ』『小悪魔アゲハ』などが、短い期間ではあったけれども新たな社会現象の立役者として注目されたわけです。これらのファッション雑誌は、時代ごとの流行を背景として創刊され、そのたびに生じる流行の変化によって方向転換や廃刊・休刊を迫られます。だからこそ、身体観の変化を示す資料として、ここに展示したわけです。

三つ目は、壁面ケースに並べた日常よく使う化粧品、ボディケア商品、ヘアケア商品、石鹸、洗剤、オーラルケア商品、健康食品などです(写真14)。ここでは、それらに関するポスターやテレビコマーシャル、ＰＲ誌、パンフレットなども併せて展示し、身体観・衛生観の変化を表現しています。これらの展示につきましては、資生堂さん、カネボウさん、コーセーさん、花王さん、ライオンさん、ワコールさん、ユニ・チャームさんといったメーカーや広告代理店、ＣＭ制作会社、タレント事務所などに協力していただきました。理想とされる美意識や衛生観は時代によって大きく変化しており、その時々にヒットした商品は、それまでの既成概念を変えたものでもあります。

ただし、このコーナーではたいへん幅広い商品を展示しておりますので、一つずつ説明していきますと時間が足りません。したがって、今回は具体例をいくつかに絞ってお話していきたいと思います。

写真13　ファッション雑誌の創刊号の展示

写真14　壁面ケースの化粧品と日用消費財

四　衛生観の変遷

最初に、石鹸や洗剤をめぐって、入浴や洗髪、洗濯の歴史について振り返っていきます。これに関連してしばしば取り上げられますのは、「日本人のきれい好きは国民性によるものか」という話題です。何となく受け入れられている話ですが、これは歴史的に正しくありません。例えば、毎日入浴する行為は、商品開発によってもたらされた比較的新しい習慣です。実は、明治・大正時代の入浴回数は月に数回でしたし、洗髪は年に数回しかしないものでした。その背景として、入浴がもっぱら銭湯でおこなうものであり、入浴料が結構高かったということと、入浴するには外出しなければいけないので湯冷めをしやすかったことがあげられます。また、明治・大正時代というのは、まだそれほど体を洗うための石鹸が普及していませんでした。その背景としましては、体を洗うようなもの、あるいは顔を洗うようなものは結構高額であったということがあります。実際に一八九八(明治三一)年における東京のある家庭の月別入浴回数を調べた記録があるのですが、多くても月に七~八回、週に二日でした(表1)。別の記録によると、一ヶ月に三回ぐらいしかお風呂に入らない家庭が結構多かったようです。

また、当時は体を洗うのに糠袋を用いていました。明治時代は石鹸といえば、洗濯石鹸を意味した時代であり、品質の良し悪しをあまり問われないものでした。そして、石鹸は体の洗浄にあまり使われるものではありませんでした。一方、高級な石鹸は「化粧石鹸」と呼ばれて、おもに洗顔用として用いられていました。洗濯石鹸と比べると、随分高価なものでした。代表的なものは、一八九〇(明治二三)年に発売された花王石鹸です。当時はミツワ石鹸と並ぶ二大ブランドの一つでした。

一方、洗髪は入浴時を含めてほとんどしませんでした。理由の一つは、洗髪が髪を痛めると考えられていたからです。また、女性の場合は、長い髪に油をつけて結っていたために、セットした髪を崩したくなかったという事情がありました。では、頭を洗わずにどうしていたかといいますと、フケ取り用の油というのが売られていて、それをつけてフケやホコリを油ごとこそぎとっていました。場合によっては、したたり落ちるほど大量の油をつけている女性までいたといわれています。

表1　1898（明治31）年の東京のある家庭の月別入浴回数

	夫	姑	本人	息子	女中
6月	7	7	7	7	5
7月	9	5	9	9	8
8月	5	5	4	6	6
9月	6	6	8	6	5
10月	7	6	9	6	8
11月	8	8	9	8	7

出典：小林重喜『明治の東京生活』（角川書店、1991年）。

そのような中、一九三二（昭和七）年に花王が頭髪用の固形石鹸を「花王シャンプー」のブランド名で発売し始めます。写真15がその「花王シャンプー」のポスターです。現在のシャンプーとは異なって、固形だから箱入りだったのです。もう一つ、体を洗うということについて重要な意味をもっていたのは、洗濯機だと思われます。一九四九（昭和二四）年に東芝が攪拌式洗濯機を発売し、一九五三（昭和二八）年には三洋電機が噴流式洗濯機を発売します。このような洗濯機の技術革新に対応し、石鹸が固形から粉末へ、さらには合成洗剤へと変わっていくことになります。さらには、メーカーによる洗剤の洗浄力競争が激しくなっていき、衣服から臭いや汚れがどんどんなくなっていきました。衣服から臭いや汚れがなくなっていきますと、次には体の臭いが気になり始めます。そこで、体も洗って臭いを消すことに意識が向けられ、これがきれい好きな日本人の誕生へとつながっていったと考えられます。

また、一九六〇年前後には家庭内での内風呂が普及します。これにより入浴回

写真15　花王シャンプーのポスター
大正末期〜昭和初期

数が飛躍的に伸びていきます。入浴回数の増加を背景として、浴用石鹸が売り出されて売上を伸ばしていきます。さらには、お風呂に入れば頭も洗いたくなるものです。内風呂が普及する以前の一九五一（昭和二六）年には、ライオンが「ライオンシャンプー」という粉末のシャンプーを発売していましたが、一九五五（昭和三〇）年にはより水に溶けやすい商品として、花王が合成洗剤の「フェザーシャンプー」を発売します。そのヒットにより、髪を石鹸よりも使いやすいシャンプーで洗うようになり、洗髪の頻度がどんどん高まっていきました。つまり、洗剤の改良が臭いや汚れに対する関心を高め、さらには体そのものを洗う石鹸の効果を明らかにし、また石鹸よりも頭を洗うのに便利なシャンプーの開発につながっていったといえると思います。

さらに、花王は一九五七（昭和三二）年の「フェザーシャンプー」の広告において、「無茶です、大切な髪を石鹸や洗剤で洗うのは」という挑発的なコピーで注目されました。これは、当時の日本人が髪を石鹸や洗剤で洗っていたことを逆説的に示すものです。もちろん、洗うことだけを目的にするのであれば、石鹸や洗剤で十分に役割を果たすことができます。シャンプーよりも石鹸や洗剤が髪の汚れを落としにくいということはありません。そこで、シャンプーには洗浄力以外の機能が求められることになります。

その中で、画期的な商品となったのが、一九六五（昭和四〇）年に発売されたライオンのエメロンシャンプーです。この商品は、女性に向けて洗い上がりのよさ、髪の柔らかさと香りを強調して宣伝されました。そして、さらなる髪の柔らかさや香りを追求して開発されたのが、一九七〇（昭和四五）年に発売されたライオンのエメロンクリームリンスです。それまでは美容室でしか使っていなかった化粧品メーカーが製造する高級なリンスを、大手メーカーが安価で販売して、リンスの習慣を家庭に広めていきました。ただし、リンスの発売当初は、男性がそれを使うことに強い拒否反応を示していました。髪の柔らかさや香りに対する抵抗感があったのでしょう。男性の間では、角刈りや七三、リーゼントのように短く刈るか、整髪料で髪形をがっちり固めることが流行っていた時代ですから。この他にも香水やスキンケア商品などを典型として、トイレタリー商品や化粧品の開発は、しばしばジェンダーによる市場分化と、それに伴う男女の新たな身体観を生み出してきました。そのため、新たに開発されたトイレタリー商品や化粧品は、短期間に広く普及するのではなく、消費者の慣習や感覚に基づく抵抗感を伴いながら、少しずつ受容されていったといえます。

そうした受容の過程で、シャンプーは商品差別化を求められ、早くから機能をどんどん多様化させていきました。例えば、一九七〇（昭和四五）年には花王がフケとカユミを防ぐ効果のあるジンクピリチオンという抗菌剤を配合したメリットシャンプーを発売します（写真16）。このメリットシャンプーが大ヒットすると、その後もライオンのオイルシャンプーや資生堂のクリームシャンプーといった機能を重視する様々なシャンプーが販売されるようになっていきました。写真17は、一九八一（昭和五六）年に発売された資生堂のクリームシャンプーで、うるおいのある洗い上がりを宣伝文句にしており、現在でもパッケージのデザインをほとんど変えることなく販売されているロングセラー商品です。

また、先ほども触れましたが、家庭用の内風呂やシャワーというものが普及してきますと、入浴や洗髪の頻度が増大していきます。そうしますと、石鹸やシャンプーの香りが、清潔感を示すシンボルになっていきます。そして、香りを重視した石鹸やシャンプーが次々と開発されていきました。そのような商品が普及しますと、それまで日本人の考え方になかった入浴・洗髪イコール清潔感という感覚が出てきます。こうして毎日入浴して洗髪する慣習が定着していきました。そうなってきますと、売れ筋が従来の洗浄力を重視したシャンプーから、毎日洗えるシャンプーへと変わっていき、一九八〇年代半ばには「朝シャン」が流行します。これらの過程に関連して、展示室で注目していた

写真16　花王「メリットシャンプー」
1970（昭和45）年発売

写真17　資生堂「クリームシャンプー」
1981（昭和56）年発売

だきたいのは、「カオーフェザー・エッセンシャルシャンプー」のポスターです。それは、一九七六(昭和五一)年に制作され、「毎日シャンプーしたっていいんです」というキャッチコピーが用いられています。このコピーは、先ほども申し上げました通り、シャンプーが毎日洗えるタイプへと変わっていったことを示しています。また、写真18は一九八二(昭和五七)年に発売された資生堂のバスボンヘアコロンシャンプーとリンスですが、こちらも毎日使えるように油分をとりすぎないタイプで、しかも香りをよくした商品です。

さらには、一九八〇年代になりますと、固形石鹸が段々使われなくなってきて、石鹸が多様化されていきます。写真19は、一九八〇(昭和五五)年に花王がシリーズとして発売を開始したビオレの現行品です。この写真のビオレは洗顔料ですが、花王は一九八四(昭和五九)年にボディ用のシリーズであるビオレuを発売します。写真20は、そのビオレuの現行品で、ボディウォッシュとハンドソープです。これらは、使用する部位によって商品を分けているわけですが、その後はさらに機能が多様化していって、潤うタイプやさっぱりタイプ、スクラブタイプ、ニキビ対策、殺菌消毒用、メイク落とし兼用などの細分化が進んでいきます。そうなっていきますと、もはや洗顔料というのは洗うための商品というだけでなく、快適さや使いやすさを求められるようになっていきます。例えば、写真21はコーセーコスメポートが一九九五(平成七)年にシリーズの発売を開始したソフティモの数々で、一見しますと全部同じようにみえます。ところが、実際にはうるおいタイプ、つるつるタイプ、ハトムギエキス入り、ヒアルロン酸入り、メイク落とし兼用など、少しずつ違っているのです。これらは、洗顔料の機能が多様化しすぎたために、複数の機能を一緒にしたり、あるいは機能の組み合わせを変えたりした結果でもあるかと思います。

写真20　花王「ビオレuハンドソープ」2012(平成24)年

写真19　花王「ビオレスキンケア洗顔料」2012(平成24)年

写真18　資生堂「バスボン ヘアコロンシャンプー・リンス」 1982(昭和57)年発売

写真21　コーセー コスメポート「ソフティモ」 1995(平成7)年発売

五　美容観の変遷

さて、ここでメイク落としについて触れたので、最後に化粧品の開発・宣伝史と美容観の変遷についてお話をしていきます。現在のような欧米型の化粧法が日本で普及したのは、案外最近のことです。大正時代中頃にハリウッド女優のメイクを真似したモダンガールが出現したことは有名ですが、少し前に流行ったガングロやヤマンバと同様で、目立つから注目されたものの、日本社会全体からみると少数派でした。大正時代の女性は、真っ白で透明感のある白粉を薄く塗って、唇に小さく紅をさすのがまだ一般的だったのです。そして、当時の化粧品に対する最大の関心といえば、白粉に含まれる鉛の害でした。鉛を含む白粉は、肌の色を変色させる、歯と歯茎を傷める、神経を麻痺させるといった症状をもたらしますが、薄く伸びて仕上がりがよいなどの理由で長く使い続けられました。その中で、伊東胡蝶園、後のパピリオが製造し、丸見屋商店、後のミツワ石鹸が販売した御園白粉は、無鉛の安全な白粉として、大ヒットしました。写真22が、その御園白粉のパンフレットです。伊東胡蝶園が創業して、御園白粉を発売したのが一九〇四（明治三七）年のことで、このパンフレットも明治末期のものと思われます。その後、中山太陽堂が一九一〇（明治四三）年に同じく無鉛の「クラブ白粉」を発売したことで、白粉の無鉛化に拍車がかかり、一九三〇（昭

写真22　御園白粉のパンフレット
明治末期

和五)年の内務省令によって、含鉛白粉の製造が一九三三(昭和八)年末で終了、販売が一九三四(昭和九)年末で終了となりました。その代わり、この内務省令のあった翌年の一九三一(昭和六)年には、丸見屋が絵の具の原料でもあるチタニウムを使った白粉を発売しています。昭和の戦前期は、まだまだ白粉の時代だったのです。

なお、伊東胡蝶園と丸見屋についてご存じない方も少なくないと思いますので、ここで補足説明をしておきます。両社はかつて「クラブ」の中山太陽堂や「レート」の平尾賛平商店、ウテナに次ぐ化粧品の準大手企業でした。そのうち、伊東胡蝶園は一九四八(昭和二三)年にパピリオへと改組しましたが、業績不振によって一九七四(昭和四九)年に合成繊維メーカーの帝人へ会社を譲渡し、帝人パピリオとなります。ところが、化粧品業界の出荷額が戦後最も伸び悩んだ一九八七(昭和六二)年に帝人はパピリオをアサヒペンに売却します。そのアサヒペンも一九九〇(平成二)年にパピリオをツムラに売却しました。そうして、ツムラ化粧品が設立されたのですが、同社も数年で廃業し、パピリオの歴史が終わったのです。

一方の丸見屋はミツワ石鹸へと社名変更した後、一九六九(昭和四四)年に苛性ソーダや油脂類を製造している旭電化工業、現在のアデカと洗剤の有名ブランドであるモノゲンの他、界面活性剤などの添加物を作っている第一工業製薬との間で日本サンホームという共同販売の合弁会社を設立します。ところが、設立後まもなく伊藤忠商事を仲介役にしてアメリカのP&Gが日本サンホームを買収したため、ミツワ石鹸はこれに反発して日本サンホームから撤退しますが、同社への出資比率が高かったために、当時最新鋭だった工場をP&Gに売却して多額の負債を返すことになります。ところが、ミツワ石鹸は主力工場を失って競争力を維持できなくなったため、一九七五(昭和五〇)年に事業継続を断念します。この時、残っていた工場と「ミツワ」、薬用石鹸「ミューズ」の商標を獲得したのが、P&Gでした。このような経緯により、ミツワ石鹸はわずか数年で倒産したのですが、二〇〇七(平成一九)年に玉の肌石鹸がP

＆Ｇからミツワブランドの商標権を買い取り、同社の一〇〇％子会社としてミツワ石鹸株式会社を復活させています。

さて、話は会社から商品や美容観の方に戻ります。先ほど、昭和戦前期まで白粉の時代が続いていたという話をしましたが、明治時代にはすでに欧米の化粧品が輸入され、百貨店などで販売されていました。また、大正時代にはハリウッド映画が人気を博しており、そのような背景から、欧米の化粧品や化粧法に関する情報が早くから入っていたことは間違いないのです。それでも、伝統的な白粉の時代が続いたということは、一度常識化した美容観が簡単には変わらないことを意味します。社会史学者のＡ・コルバン、ＪＪ・クルティーヌ、Ｇ・ヴィガレロは、二〇〇六年に監修した『身体の歴史Ⅲ　20世紀　まなざしの変容』（二〇一〇年、藤原書店翻訳出版）の序文で、「身体はゆるやかな抑制作用の場であり、欲動や自発的なものが遠ざけられる場」だと述べているのですが、これはまさに身体に対する美意識を変えることへの抵抗感を的確に表現していると思われます。実際にも、真っ白な白粉の時代が長く続いた中で、一九一七（大正六）年に資生堂が「七色粉白粉」を発売し、一九三〇（昭和五）年頃にようやく白粉の多色化が全国的に進んでいきました。写真23は、「理想の身体」のピックアップコーナーに展示してある昭和初期の資生堂の白粉ですが、よくみると「肌色」と印刷された小さなシールを貼ってあるのがわかります。これは、白粉が真っ白であることが当たり前だった時代に、肌色の白粉を販売するには、注意書きが必要だったことを意味します。

写真23　資生堂「七色粉白粉」昭和初期

口紅も同様です。猪口よりも小さな紅皿に薄く広げた紅をほんの少しだけ唇に塗る時代が長く続いていた中で、一九一七（大正六）年に中村信陽堂、後のオペラ（現・イミュ）という今から三〇年くらい前にアイプチをヒットさせた会社が国内初のスティック状口紅を発売します。ただし、スティック状の口紅が国内に広く出回るのは、紅製造の老舗である伊勢半が一九三二（昭和七）年に「キスミー口紅」を発売してからのことです。資生堂が口紅を発売したのもこの時期、具体的にいうと一九二九（昭和四）年でした。当時は、唇全体を赤く塗ってメイクをすることに抵抗感が持たれていたので、普及するまでに長い時間がかかったのです。

このように、白粉と紅による伝統的な化粧法を欧米風に変えることには、長らく根強い抵抗感がありました。その後、化粧品業界は第二次世界大戦によって大打撃を受け、戦後に細々と事業を再開することになりますが、唇全体を赤く塗ることに対する抵抗感は根強く、一九五〇年代までの化粧品といえば、クリームを中心とした基礎化粧品と香水、整髪料が主力商品でした。

これに対し、日本人の美意識を大きく変えるきっかけとなったのが、マックスファクターの日本進出です。マックスファクターは、もともとアメリカで舞台用のメイクアップ商品を製造販売していた大衆向けの準大手企業でした。メイクアップという言葉を作ったのもマックスファクターで、一九二〇年代のことです。一九三〇年代からは、海外にメイクアップ商品を輸出し始め、ハリウッド女優のようなメイク方法をとくにヨーロッパで流行させていきます。そのマックスファクターが、一九四九（昭和二四）年に日本進出を果たすと、一九五二（昭和二七）年に外国化粧品の国内販売が自由化されます。そして、一九五九（昭和三四）年にマックスファクターが「ローマン・ピンク」という口紅のキャンペーンを実施し、業界全体を驚かせたのです。その理由として、アメリカではすでにおこなわれていたキャンペーンによる大々的な宣伝方法が、日本国内では初の試みであったことと、口紅は赤いものという常識がこのキャンペーンによって打ち砕かれてしまったことが挙げられます。この他にも、マックスファクターは、アイメイク商品やパンケーキを普及させたこと、店頭でメイクアップの実演をすることによって、それまで押し売りのイメージが強かった化粧品販売員の地位を向上させたことなどがあって、日本の化粧品業界に対する貢献度が高いといわれています。

ただし、日本人の美意識に対するマックスファクターの影響が大きかったとはいえ、一九五〇年代から一九六〇年代中頃にかけては、まだ欧米化に対する抵抗感が強く、日本人の美を強調するような言説が多かったのです。例えば、一九三七（昭和一二）年に創刊し、一九四〇（昭和一五）年から一〇年間にわたって休刊した後、一九五〇（昭和二五）年から復刊した資生堂のＰＲ誌『花椿』には、一九五〇年代まで日本人女性の美しさを強調する記事が散見されます。このような状況を背景として、国内の化粧品メーカーは、当時日本人の映画女優を広告のモデルに起用していました。表2は、資生堂とコーセーが一九五〇年代から一九六〇年代中頃にかけて起用したモデルの一覧です。資生堂に起用されたモデルが芦川いずみ、草笛光子、白川由美、三ツ矢歌子、富士真奈美など、コーセーによって起用されたモデルが南田洋子、有馬稲子、佐久間良子、司葉子、岩下志麻など、いずれも日本人の人気映画女優ばかりが化粧品の広告モデルを務めています。

ところが、一九六〇年代中頃から美意識が欧米人のモデルを基準としたものに大きく変わっていきました。その背景としては、先ほど紹介したマックスファクターの「ローマン・ピンク」キャンペーンの他、一九六二（昭和三七）年の日本へレンカーチス設立、一九六三（昭和三八）年のレブロン設立、コーセーとフランスのロレアル社の業務提携、一九六四（昭和三九）年

表2　資生堂とコーセーが1950年代中頃から60年代中頃にかけて起用したモデル

資生堂	コーセー
芦川いずみ（日活、1957）	南田洋子（大映、1953）
草笛光子（東宝、1957）	有馬稲子（宝塚、1958）
白川由美（東宝、1959）	佐久間良子（東映、1960）
三ツ矢歌子（新東宝）	司　葉子（東宝、1961）
富士真奈美（NHK、1959）	岩下志麻（松竹、1963）
岸　恵子（松竹、1960）	
吉永小百合（1960）	
高橋美恵（1963）	
中原ひとみ（東映、1965）	

註：カッコ内の註は、各社との契約開始年。

のヘレナ・ルビンスタイン社の営業開始、一九六七(昭和四二)年のエスティローダー日本支社設立、ランコムのコーセーを通じた日本国内発売開始、一九六八(昭和四三)年のエイボン日本支社設立など、外資系化粧品会社の相次ぐ日本進出がありました。さらに、化粧品の貿易自由化に備えて、日本企業が外資系化粧品会社の動向に追随したことも、美意識の欧米化が進んだ原因といえるでしょう。

実際にも、資生堂はマックスファクターの後を追って、一九六一(昭和三六)年に「キャンディトーン」という口紅のキャンペーンを実施します。この時、ポスターにはイラストを用いており、CMには真鍋賀子、滝瑛子、中沢典子、馬淵晴子といった四人のモデルを起用しているのですが、キャンペーンそのものの狙いは、東レと提携して口紅と服装の色調を世界の流行に合わせるというものでした。これが効を奏して、翌年に実施した「シャーベットトーン」という同じく世界的流行に準じたキャンペーンにより、資生堂は口紅生産のシェアで国内トップとなります。資生堂は戦前まで中堅企業であり、第二次世界大戦によって同業他社と同様に大きな被害を受けたのですが、化粧品業界が急成長を遂げた一九五〇年代から一九六〇年代にかけて、国内シェアを急激に高めていきます。したがって、一九五〇年代から六〇年代にかけた美意識の変化の背景を探るには、資生堂の企業行動をみていく必要があると思うのです。

さて、先ほど資生堂が一九六一(昭和三六)年に「キャンディトーン」というキャンペーンを実施したことを紹介しましたが、同社は同じ年にもう一つ重要な試みをしています。それは、写真24のサンオイルの発売です。その少し前から、欧米で日焼けが流行していたらしく、資生堂は自社で発行しているPR誌『花椿』の中で、夏の日焼けについて様々な情報を提供していたのです。そして、一九六一年にいよいよサンオイルを発売したのですが、発売後数年間は売れなかったそうです。これは、白い肌を美の基準としてきた当時の感覚からして、当然だったといってよいかもしれません。

写真24　資生堂「サンオイル」
1961（昭和36）年発売

写真25　資生堂「ビューティケイク」
1963（昭和38）年発売

ところが、資生堂が一九六六（昭和四一）年にアメリカ人と日本人のハーフモデルである前田美波里を起用して、「太陽に愛されよう」という夏のキャンペーンを実施すると、状況が大きく変わっていきます。このキャンペーンはいろいろな意味で画期的だったのですが、その最大の目的は、当時の化粧品が商品の特性上、夏に売れなかったことから、新たに夏用商品を開発することにありました。そこで、資生堂は写真25で示した夏でも崩れにくい「ビューティケイク」というファンデーションを市場に投入して、「太陽に愛されよう」というキャンペーンを実施したのです。ただし、ビューティケイクはこの年に発売された新商品ではなく、それ以前から高橋美恵を起用して、CMで全国的に宣伝してきた商品でした。それまでの資生堂のCMでは、この高橋美恵や札辻輝子といった日本人モデルを起用してきたのですが、「太陽に愛されよう」のキャンペーンでは、アメリカ人と日本人のハーフモデルである前田美波里を起用して、ビューティケイクのイメージを大きく変えようとしました。資生堂は、この年のサンオイルとサンスクリーンのCMにも前田美波里を起用しています。前田さんの演技がとてもコミカルで、おもしろいCMでした。ここで重要なこととして、資生堂が夏用商品の開発と普及に向けて数年前から準備してきたことや、夏用ファンデーションとサンオイルの宣伝を重ね合わせたこと、大胆なイメージチェンジのためにハーフモデルを起用したこと、その動きに同業他社が追随したことなどがあげられます。

まず、「太陽に愛されよう」のキャンペーンに先行して、サンオイルを発売し、欧米の日焼けブームをコツコツと紹介してきたことは、その日本国内での流行に業界全体を巻き込む土台を築き上げたと考えられます。一九六六(昭和四一)年は、大手化粧品会社のキャンペーンが揃った年でして、カネボウが「ヴァリアント　メイクアップ」、コーセーが「クッキールック」、マックスファクターが「ハニートーン」、パピリオが「キャッツ・アイ」というキャンペーンを実施しています。

ここでまず注目したいのは、コーセーの「クッキールック」です。「クッキールック」というのは、小麦色に焼けた肌に似合うトータルなメイクアップを提唱したもので、ハーフモデルの麻生れい子はやや日焼けした肌にピンク色の口紅をつけ、バッチリとしたアイメイクをしています。なお、コーセーは翌年の「ココルック」というキャンペーンで、さらに日焼けした麻生れい子を再び登場させています。この麻生れい子は、第四展示室「理想の身体」で展示しているコーセーのPR誌『カトレア』の表紙でご覧になれます。この時期のコーセーは、夏用商品の開発に力を注いでいた資生堂の動向をみながら、外資系のロレアルやランコムと提携するなど、積極的に美意識の欧米化を推し進めていました。麻生さんの起用も、当時の潮流を踏まえて、欧米人風のメイク法を伝えることを目的としていたと思われるのです。

一方、カネボウは、一九六六(昭和四一)年と六七(昭和四二)年の段階で、夏の日焼けと日焼け防止を選択できる宣伝活動をおこなっていました。実際にも、カネボウは一九六六(昭和四一)年に「ビューティCパウダー」という同社としては画期的な美白化粧品を発売しつつも、その翌年には「サンオイル」を発売しています。また、同年の秋に「ビユーティホワイト」というキャンペーンを実施しましたが、その翌年の一九六八（昭和四三）年夏には、「ステージカラー」というキャンペーンでアメリカ人と日本人のハーフである園井ミユキを、一九六九（昭和四四）年夏の「ステージカラー」でイギリス人と日本人のハーフである太田ナオミをともに真っ黒に日焼けさせて登場させています。ところが、翌一九七〇（昭和四五）年夏には、「ブラン・タン・ルー」というキャンペーンでドイツ人と日本人のハーフであるマリー・ヘルビンを起用して、日焼けと日焼け防止の選択自由をあらためて提案します。つまり、カネボウは、日焼けが流行している中でも、色白にこだわる人々が多いことを考慮して、どちらにも対応できる宣伝活動をしていたといえます。

ただし、日焼けを宣伝する時には、資生堂の前田美波里やバニー・ラッツと同様に、カネボウもハーフモデルを起用していました。これは、先ほども触れましたように、大胆なイメージチェンジを図りたい時に、ハーフモデルを起用する傾向が業界内に広まっていたからだと考えられます。そして、このハーフモデルたちは、日焼けとともに、欧米流のアイメイクを普及させるのにも重宝されていきます。このアイメイクを日本に普及させる契機となったのは、一九六八（昭和四三）年にマックスファクターが実施した「ジョワジョワ」というキャンペーンだったといわれています。それ以前にも、例えば一九六六（昭和四一）年の春に資生堂が展開した「ピンク　ピンク」という口紅のキャンペーンでは、東宝の女優だった高橋紀子がとても長い付けまつ毛をしていますし、同年にコーセーがおこなった「クッキールック」でも、モデルの麻生れい子はアイメイクに重点を置いています。しかし、一九六〇年代中頃までは口紅の色に注目が集まっていて、アイメイクはまだ話題の中心ではなかったのです。それを大きく変えたのが、マックスファクターの「ジョワジョワ」キャンペーンであり、翌年の一九六九（昭和四四）年に資生堂が実施した「あなたの変身は目から始まる」、カネボウの「オズマン・アイ」というキャンペーンでした。

なお、「あなたの変身は目から始まる」キャンペーンに出演していた岸さおりは、アメリカ人と日本人のハーフ、「オズマン・アイ」に出演していた荒木美可は、ドイツ人と日本人のハーフです。アイメイクを普及させるため、両社ともにとにかく目の大きなハーフモデルを起用しています。ただし、その前後の企業行動をみると、両社に大きな違いがあることにも気づかされます。一九七〇(昭和四五)年秋のキャンペーンは、資生堂が「トゥデイズ・アイ＝黒い瞳を現代の目に」であり、カネボウが「クールメイク・クールアイ」だったのですが、資生堂が川田良子を起用して、黒い瞳の美しさをクラシカルな演出によって表現しているのに対し、カネボウは瀬南ユキとジェリー道というハーフモデルを起用して、欧米化への道を突き進んでいるのです。資生堂といえば、銀座のハイセンスなイメージを演出しながら、欧米の流行をいち早く日本に紹介して成功した企業として説明されがちなのですが、私個人は、資生堂ほど日本人独自の美や伝統にこだわってきた企業はないと考えています。この背景としては、資生堂が一八七二(明治五)年に創業した老舗であることと、第二次世界大戦後に急成長した化粧品業界のリーディングカンパニーとして、外資系企業との差別化を図る必要性に迫られていたことがあげられます。

戦後、美意識の欧米化に最も大きな影響をもたらしたのは、間違いなくアメリカのマックスファクターだと思います。しかし、一九五〇年代でも日本はまだクリームと白粉を中心とした化粧の時代が続いていたわけで、欧米化に対する抵抗感が根強く残っていたのです。そして、資生堂は一九五〇年代から六〇年代にかけて、日本人の美を繰り返し強調しています。先ほど、一九六一(昭和三六)年の「キャンディトーン」というキャンペーンが、色調の世界的流行に合わせたものだという話をしたのですが、実はその後も時々原点回帰して、日本人の美を見直していくのです。その時、極端に和風の演出をしたり、欧米化しながらもクラシカルな演出をしたりといった老舗ならではの美のモデルを提案できるのが、他社にはなかなかまねできない資生堂の強みだと思われます。

具体例をあげると、一九六一（昭和三六）年の「キャンディトーン」、一九六二（昭和三七）年の「シャーベットトーン」、一九六三（昭和三八）年の「フルーツカラー」という三つのキャンペーンは、色調の世界的流行に合わせて展開しているのですが、一九六四（昭和三九）年の「メイクアップ・トウキョウ」というキャンペーンは、同年に東京オリンピックが開催されたことを記念として、日本人の美を世界に発信する目的で実施されています。また、先ほど紹介した一九七〇（昭和四五）年の「トゥデイズ・アイ　黒い瞳を現代の目に」というキャンペーンは、欧米流のアイメイクが流行しつつある中で、黒い瞳の美しさを再確認する試みだったといえます。そして、何よりも資生堂は一九七三（昭和四八）年に「影も形も明るくなりましたね、目。」というキャンペーンで、その前年にパリコレで注目されていた山口小夜子を専属モデルとして起用し、彼女の日本人らしい切れ長の目を強調したことが、資生堂化粧品における和の要素をあらためて再確認するきっかけになったと思われます。山口さんが出演したこの一九七三（昭和四八）年のポスターは、第四展示室に展示してありますので、是非ともご覧になってください。

その後も、資生堂は一九七六（昭和五一）年の「ゆれる。まなざし」や一九七七（昭和五二）年の「マイピュアレディ」、一九七九（昭和五四）年の「あざやかに生きて」といったプロモーションで、それぞれ真行寺君枝や小林麻美、叶和貴子といった日本人モデルを起用し、ハーフモデルや外国人モデルの出演するその他のプロモーションの中に彼女たちの和風なイメージを織り込んでいきました。なお、もともとキャンペーンと呼んでいた季節ごとの販売促進は、一九七〇年代中頃からプロモーションと呼ばれるようになります。

さて、カネボウもこの資生堂の演出にやや遅れて同調していきます。その少し前まで、カネボウは日焼けには太田ナオミや西野ミチ、マリアン・ブリッグスといったハーフモデルを、日焼け防止にはスージー・マーガレット・デビットやモーガン・ブリタニーといった外国人モデルをそれぞれ使い分けて起用する傾向にあったのですが、一九七七

（昭和五二）年の夏に「オー・クッキーフェイス」というプロモーションで小麦色の肌をした夏目雅子を起用しました。この時にカネボウが宣伝していた「モンソレイユ」というブランドのサンケーキは、日焼けしなくても小麦色の肌になれることを売りにした商品でした。小麦色の肌をした日本人モデルを化粧品のプロモーションに登場させるということは、それまでなかったことですので、このプロモーションは全国に強い印象を与えました。当時のカネボウは、諸外国においてオリエンタリズムに注目が集まっていることを明らかに意識していました。その意識の中で、新たな広告塔としてイメージにぴったり合ったのが、夏目さんだったといえます。そして、瞬く間に夏目さんはドラマや映画の主役、テレビの司会などで大活躍をするようになりました。この夏目さんが出演したポスターとＣＭも第四展示室に展示してありますので、是非ともご覧になってください。

ただし、その後も各社のプロモーションでは外国人モデル、ハーフモデル、日本人モデルを併用する時代がしばらく続きます。現在のように、日本人モデルが中心になるのは、一九八〇年代半ば以降のことです。その頃は、紫外線による肌への悪影響が問題視されたことにより、日焼けブームが終焉しつつあり、かつ日本が先進国への仲間入りをしたという自意識を強め、欧米の価値基準に必ずしも捉われずに、身近なところでおしゃれを見出すようになった時期でした。

さて、少し戻って一九七〇年代の話を続けていきたいと思います。一九七〇年代は、日焼けブームと美意識の欧米化の他に、環境問題と生活変化への対応が大きな課題となっていました。環境問題というのは、まず化粧品やトイレタリー商品が水質汚濁を主とした公害に関与しているという批判によります。当時は、石鹸やシャンプーの垂れ流しが河川や湖沼の水質をどれだけ汚濁させているのかといった批判が起こっていました。また、化学物質に対するアレルギー問題も取り沙汰されていて、その反動として自然派化粧品に注目が集まっていました。自然派化粧品として、

「ヘチマコロン」が大ヒットしたのは、この時期からです。自宅でできるキュウリパックやレモンパックなどもなぜか流行っていました。

もう一つの生活変化への対応というのは、会社勤めをする女性の増加や冷暖房設備の普及などに対する機能性を重視した商品開発を意味します。つまり、出勤前の短い時間で手早く簡単にメイクができることや、外出先で簡単に化粧直しをできること、冷房の効いた乾燥したオフィス内でも肌が突っ張らないこと、使い心地がよいことなどが商品開発の目標となっていました。

例えば、コーセーが一九七四（昭和四九）年に発売した「サマード」は、それまで冬に使われていたリキッドファンデーションを夏用に改良した商品です。なお、写真26のサマードは、第四展示室に展示してあります。コーセーのホームページによると、もともとリキッドファンデーションには、油分が多いために伸びやすいという利点がある一方で、汗で崩れやすいという欠点がありました。一方、粉体を油分や界面活性剤と混ぜてプレスしたケーキタイプのファンデーションは、水で濡らしたスポンジで伸ばし、水の蒸発後に汗で崩れにくい塗膜を形成するという特性があります。サマードは、リキッドタイプでありながら、伸ばした後に水分を飛ばして汗に崩れにくい塗膜を作るため、冷房による肌の突っ張りを防ぎつつ、外出先でも簡単に化粧直しができる便利な商品でした。

さらに、コーセーは化粧時間を短縮し、簡単に化粧直しをできる商品として、一九七六（昭和五一）年に写真27の「フィットオン」というパウダーファンデーションを発売します。このフィットオンは、従来のファンデーションと粉白粉を一体化させ、化粧の手順を簡略化させたものです。ただし、このパウダーファンデーションは水を使って気持ちよく仕上げることができなかったため、その後に水を使えるように改良されます。それが、一九七九（昭和五四）年に発売された「2ウェイケーキ」です。この2ウェイケーキは、ケーキタイプのように水を使っても、パウダータイプのように水を使わなくてもきれいに仕上がる商品で、「フィットオン」とともに現物を第四展示室でみていただけます（写真28）。

この水あり・水なし両用タイプのファンデーションは、同じ年に資生堂からも「ナツコ」というブランド名で発売されます。このナツコはモデルに小野みゆきを起用し、CMソングにツイスト（世良公則）の「燃えろ　いい女」を採用したことで大ヒットしました。写真29のナツコのファンデーションは、第四展示室でCMやレコードのジャケットとともに展示してあります。この夏のキャンペーンタイトルは「ナツコの夏」でしたが、資生堂としては前田美波里を起用した「太陽に愛されよう」に次ぐ大ヒットだったと思われます。この宣伝効果もあって、水あり・水なし両用タイプのファンデーションが、定番商品になっていきました。

なお、こうした機能に重点を置く商品開発は、消費者個々人に対する適正、つまり個性化とも強い連動性をもっていたと思われます。機能に重点を置けば、人それぞれ肌の状態や美意識の違いが明確になるのですから、個性化の流れは必然となります。また、個性化が重要視されれば、プロモーションによって全国的な流行を創出することが難しくなります。その中で、一九八〇年代初頭は、消費者個人の選好を重んじる時代となっていきました。化粧品のプロモーションは、もともと世界的な色調の流行に合わせて、新商品の宣伝をすることを目的としていたのですが、プロモーション自体が開始から一〇年以上たってマンネリ化する中で、市場の細分化を余儀なくされ、消費者の好みや個性といった問題と直面していたといえます。

例えば、一九八二（昭和五七）年春にカネボウが実施した「浮気なパレットキャット」というプロモーションは、ハウンドドッグが同名のロカビリー調の曲を大ヒットさせて注目されましたが、そこで宣伝していたのは、パレット型の自由に色を選べるタイプのメイクアップ商品でした。資生堂が同年に発売した「パーキージーン」やコーセーが一九八四(昭和五九)年に発売した「ＢＥメイキャップ」も同様の多色型メイクアップ商品です。写真30の「ＢＥメイキャップ」は、第四展示室に展示してあります。「ＢＥメイキャップ」を観察していただくと、一つのケースに対して、様々な色の口紅やアイシャドウを消費者自身が選んではめ込む仕組みになっていることがわかります。それだけ、当

写真26　コーセー「サマード」
1974(昭和49)年発売

写真28　コーセー
「2ウェイケーキ」
1979(昭和54)年発売

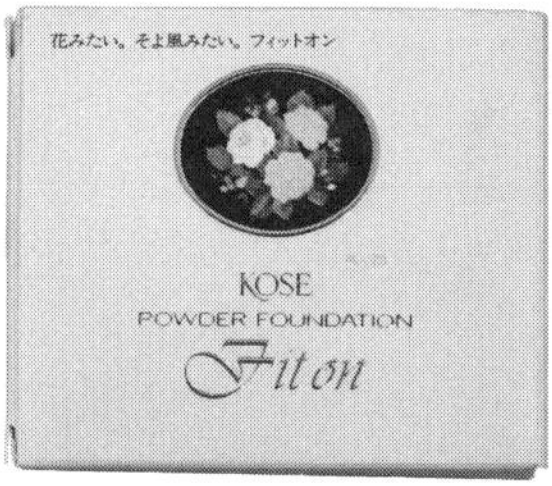

写真27　コーセー
「フィットオン」
1976(昭和51)年発売

写真29　資生堂「ナツコ」
1979(昭和54)年発売

写真30　コーセー「BEメイキャップ」
1984(昭和59)年発売

時は消費者による選択の自由と美的表現の個性化が重要視されるようになっていたのです。

この個性化と並行して市場細分化が進行するとともに、二つの大きな潮流が発生していきます。一つが圧倒的な存在感を持つ、ごく一部のカリスマ的なモデルを模倣するのではなく、消費者の身近なところでおしゃれを楽しむ感性の発達です。つい最近まで読者モデルに注目が集まっていましたが、読者モデルの歴史は案外古く、例えば資生堂は一九七九(昭和五四)年六月に発行したPR誌『花椿』三四八号で読者モデルを募集しています。その中から抜擢された甲田益也子は一九八五(昭和六〇)年夏のプロモーション「いろ、なつ、ぬる、ゆめ、ん」のモデルに起用されました。ただし、甲田さんがデビューからプロモーションのモデルを務めるまで六年もかかっており、読者モデルが企業の広告塔として抜擢されるには長い年月を必要としました。

その間、企業の創出する流行と消費者の身近な感覚を結びつけたのは、アイドルだったと思われます。一九八四(昭和五九)年春に、カネボウは「バイオ口紅ピュアピュア」というプロモーションで松田聖子を起用しました。ちょうどカネボウが化粧品の開発にバイオテクノロジーを活かそうとし始めた頃のことです。後の「落ちない口紅」で有名になった技術ですね。そして、この時期から化粧品のプロモーションにアイドルを起用することが増えていきます。実際にも一九九〇(平成二)年頃までに、カネボウは麻生祐未、国生さゆり、工藤静香、資生堂は中山美穂、杉浦幸、宮沢りえ、コーセーは石川秀美、早見優、森尾由美、井森美幸などを起用しました。

このようなアイドルの起用は、現在の「かわいい」志向につながっています。この「かわいい」は、身近なおしゃれ感覚と密接に関わっており、後の「女子力」や「大人かわいい」に発展していった重要なキーワードです。そして、「かわいい」という用語が世の中に氾濫してから、日本人独自の美を追求することが広まり、ハーフモデルや外国人モデルの露出が明らかに減っていきました。

また、「かわいい」の年齢層が拡大するにつれて、三〇代以上の露出が明らかに増えていきました。実のところ、これは団塊の世代、つまりベビーブーマーの年齢が上がっていったことと強く関係していると思われます。団塊の世代とは、よく知られているように、第二次世界大戦後から数年の間に生まれた突出した人口の世代を指しますが、一九六五（昭和四〇）年前後に高校を卒業して、社会人となっていきました。この世代は他の世代の二倍もの人口があるので、消費者としてとても重要なわけです。そこで、一九七〇年代前半頃までの化粧品会社は高校卒業者を広告のターゲットにしていたのですが、一九八〇年頃から三〇代に向けた化粧品の開発へ積極的に取り組むことになります。これは、団塊の世代がちょうど一九八〇年頃に三〇代前半を迎えたからです。そして、この団塊の世代を大人世代とした時に現れたのが、彼らよりも若年の「かわいい」世代だったと考えられます。

例えば、カネボウは年齢による市場細分化をいち早く進めようとした企業ですが、一九八〇（昭和五五）年冬に古手川祐子を起用して「素肌。乾燥注意報」と「素肌。氷点下注意報」というプロモーションを、翌年の冬には古手川祐子を起用した「レディ80うるおいペア」と久野綾希子を起用した「成熟時代のレディ80エビータ」というプロモーションをおこなっています。この時の久野綾希子はちょうど団塊の世代の三〇代前半です。また、カネボウは一九八二（昭和五七）年冬に実施した「素肌、適齢対策してますか」というプロモーションで、古手川祐子、松原千明、久野綾希子、山田五十鈴を起用し、さらなる年齢別の市場細分化を目指しています。なお「レディ80エビータ」は、二〇〇〇（平成一二）年に「エビータ」という五〇代に向けたエイジングケアブランドの立ち上げに発展していきますが、第四展示室に展示してある写真31の現行品をみても、商品を五〇歳以上と三〇代後半から四〇代に分けていることがわかるかと思います。この二〇〇〇年という節目も重要で、団塊の世代が五〇歳を超えた年に当たります。ここから、「エビータ」が団塊の世代を意識して発売されたことは明らかです。

花王が、「ソフィーナ」という基礎化粧品のブランドを立ち上げたのも一九八〇（昭和五五）年のことで、一九八二（昭和五七）年から全国に発売しました。同社はシリーズの発売当初から肌診断に基づく販売をおこなっており、その一〇年後に肌の状態を年齢別に区分する方法を導入して、現在の「マイナス5歳肌」というキャッチコピーにつながる年齢対策を打ち出していきます。写真32は、第四展示室に展示してあるソフィーナの現行品です。

資生堂は、その翌年の一九八三（昭和五八）年に久野綾希子と同じ団塊の世代である倍賞美津子を起用して、「ミズ　ニッポン」というプロモーションをおこないました。この年から、資生堂は年齢を五つのステージに分け、ステージごとに異なるブランドを販売する手法を用いていきます。この「ミズ　ニッポン」の場合は、五つのステージのうち、二五歳から三四歳と三五歳から五四歳を対象としたブランドのエリクシールを宣伝しており、倍賞美津子は当時この二つのステージのほぼ間にあたる年齢でした。

このように、一九八〇年代前半は年齢に対する意識が強くなった時期です。そして、一九八〇年代中頃には、肌の老化に紫外線が強く影響するという知識が広まって、若いうちから日焼け防止をする意識が高まっていきました。例えば、資生堂は一九八五（昭和六〇）年に第四展示室にも展示してある写真33の「UVホワイト」という日焼け対策の化粧品を発売し、大ヒットさせた後、一九八七（昭和六二）年夏に実施した「センサー式ファンデーションの夏」で起用した春田紀尾井を最後に、夏のプロモーションで日焼けしたモデルを登場させるのをやめてしまいました。その後、コーセーが汗や水で崩れにくいスポーツ専用ブランドの「スポーツビューティ」を一九八九（平成元）年に「汗　水　紫外線に強い」というキャッチコピーで宣伝したり、資生堂が一九九二（平成四）年に汗や紫外線対策専用のブランドである「アネッサ」を発売するなどして、日焼け対策の化粧品は徐々に充実していきました。第四展示室には、ここで紹介した写真34の「スポーツビューティ」や写真35の「アネッサ」も展示してありますので、ご覧になってください。

写真31　カネボウ「エビータ」
2000（平成12）年発売

写真32　花王「ソフィーナボーテ」
2012（平成24）年

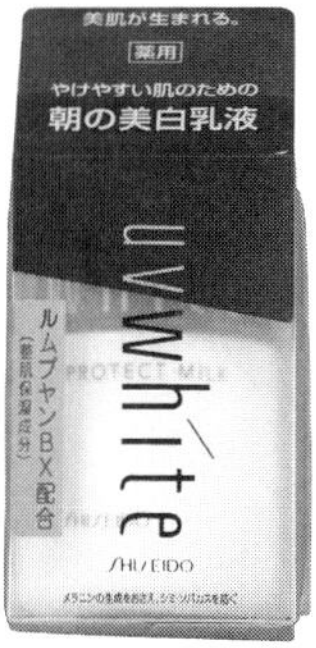

写真33　資生堂「UVホワイト」
1985（昭和60）年発売

写真34　コーセー「スポーツビューティ」
1989（平成元）年発売

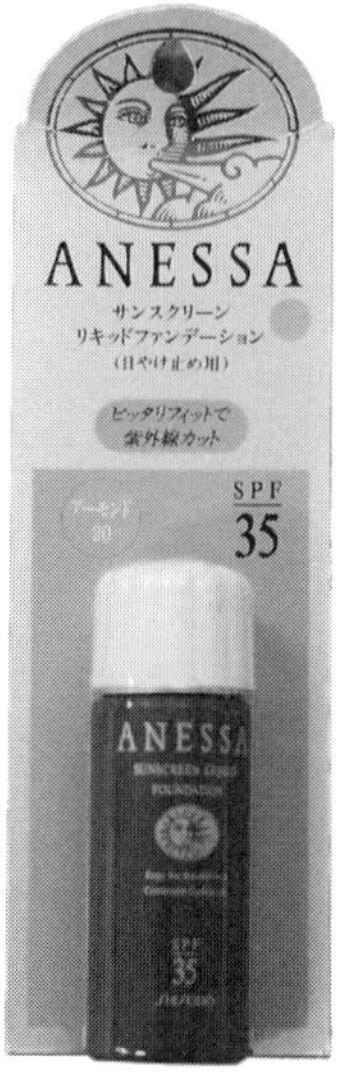

写真35　資生堂「アネッサ」
1992（平成4）年発売

おわりに

さて、きりがないので、そろそろ話を終わりにしますが、このコーナーには他にもファッション雑誌や、オーラルケア用品、ヘアケア商品など、身体に関わる様々なモノが展示してあります。そして、それぞれの組み合わせを変えることで、いろいろなストーリーを作ることができるように意識して展示をしたつもりです。高校の自由研究や大学の卒論などでも活用していただけたら幸いです。

たくさんの展示物の中で、本日はおもに石鹸、シャンプー、基礎化粧品、メイクアップ商品を取り上げて話を進めてきました。それらには時代ごとに共通した変化があるとともに、個別の特徴も持ち合わせています。ただし、現在の衛生観、身体観につながる感覚は、一九六〇年頃から形成され始めたといってよいと思います。もちろん、それ以前から多くの人びとが伝統的な感覚に基づくおしゃれには敏感だったわけですが、少なくとも一九五〇年代までは、身体を頻繁に洗う習慣がなかったわけですし、美意識も近世から明治・大正期にかけての和洋を折衷した感覚を引きずっていました。それが、一九六〇年頃から、頻繁に入浴するようになり、欧米の文化を積極的に取り入れ、その美意識を模倣するようになります。さらに、一九七〇年代になると、商品の機能が重要視されるようになり、一九八〇年代には年齢や用途による市場細分化が進んでいきます。

ただし、美意識は身だしなみや慣習と強く関わっているため、日常の感覚ではなかなか変わっていかないものです。例えば、一九六〇年代は欧米化の進んだ時代ですが、一九五九(昭和三四)年にマックスファクターが実施した「ローマン・ピンク」でアメリカ流のキャンペーンが始まってから口紅の多色化が進み、一九六六(昭和四一)年の「太陽に愛されよう」で日焼けが流行してからハーフモデルの起用が目立つようになり、アイメイクを含めた欧米型のメイクをトータルでするようになるまで一〇年かかっています。そこから日本人の美を見直し、より日常的な生活様式に合わせて化粧品が機能的に細分化される中で、年齢別のブランドが立ち上がっていき、若年のアイドルから発した「かわいい」という日本人独自の美意識が成立するまでさらに一〇年かかっています。一方で、一九八〇年頃から肌の老化に対する紫外線の影響が取り沙汰されて、夏でも日焼けしない習慣が定着するまでにも一〇年近くかかっているのです。このため、美意識に関連して新たな流行を創っていくことは、とても難しいことだといえます。しかしながら、一〇年から二〇年のスパンでみると大きく変わっています。このような人とモノとの関係が美意識や生活様式とともにゆっくり変わっていく様子を示したのが、今回オープンした「理想の身体」だったといってよいかと思います。

主な参考文献

天野正子・桜井厚『「モノと女」の戦後史：身体性・家庭性・社会性を軸に』（有信堂高文社、一九九二年）。

天野正子・石谷二郎・木村涼子『モノと子どもの戦後史』（吉川弘文館、二〇〇七年）。

石谷二郎・天野正子『モノと男の戦後史』（吉川弘文館、二〇〇八年）。

江馬　務『風俗文化史』（中央公論社、一九八八年）。

花王ミュージアム・資料室編『花王１２０年　1890―2010年』（花王株式会社、二〇一二年）。

『チェーンニュース五百号創刊二十周年記念縮刷版』Vol.1・Vol.2（カネボウ化粧品本部、一九八六年）。

鐘紡株式会社社史編纂室編『鐘紡百年史』（鐘紡株式会社、一九八八年）。

株式会社クラブコスメティックス編『百花繚乱　クラブコスメティック百年史』（株式会社クラブコスメティックス、二〇〇三年）。

株式会社コーセー編『創造と挑戦　コーセー50年史』（株式会社コーセー、一九九八年）。

クルティーヌ、JJ編、岑村傑監訳『身体の歴史Ⅲ　20世紀　まなざしの変容』（藤原書店、二〇一〇年）。

今　和次郎『新版　大東京案内』上・下（筑摩書房、二〇〇一年）。

『資生堂百年史』（株式会社資生堂、一九七二年）。

『資生堂宣伝史Ⅱ　現代』（株式会社資生堂、一九七九年）。

資生堂宣伝部編『資生堂宣伝史』（株式会社資生堂、一九九二年）。

資生堂企業文化部編『創ってきたもの　伝えてゆくもの　資生堂文化の１２０年』（株式会社資生堂、一九九三年）。

南博・社会心理研究所『大正文化：1905―1927』（勁草書房、一九八七年）。

柳田　國男『明治大正史　世相篇』（講談社、一九九三年）。

米澤　泉『私に萌える女たち』（講談社、二〇一〇年）。

ライオン株式会社社史編纂委員会編『ライオン１００年史』（ライオン株式会社、一九九二年）。

コメント２

神野由紀

関東学院大学の神野と申します。私は近代以降の消費文化を商品デザイン的な側面から研究していて、歴博での展示リニューアルと並行して行われていた、昨年(二〇一二〔平成二四〕年)までの共同研究「歴史表象の形成と消費文化」にも参加させていただきました。それでは、今の山田さん、青木さんのご報告内容から、少し私の関心へと発展させ、コメントさせていただきます。

まず、山田さんのご報告にありました、食を通して儀礼が新たに生成されていく近代以降の歴史についてですが、家庭内で手作りされるものも重要なのですが、今日は「出来合い」の食について、少し話を進めたいと思います。

明治以降、様々な食品が量産され、食品産業が発展し、パッケージや広告で、人々に消費を積極的に促していきます。食の産業化はその後、和洋を問わず様々なジャンルで進んでいくことになります。近代の消費のなかでしばしば起こってきた現象が、まず量産体制が整っていき、その大量の商品を何とか工夫してマーケットを開拓して売り出していく、という流れであり、必ずしも人々の欲望がまずありき、ということではありません。これは電力供給と電化製品の関係も同じだと思います。企業側の生産ラインの確立と消費者のニーズというのは、互いに複雑に絡み合って発展していきます。例えば洋菓子などは、はじめ大人の嗜好品でしたが、生産量があがってくるなかで子供を市場に取り込むようになります。それが、近年の少子化が進むなかでさらに今度は再び大人を意識する、―「大人のきのこの山」とか「大人のたけのこの里」とかですね—そのようなものがまた出てくるというように、変化もしています。

増産体制を整えていく企業は、市場を拡大していく戦略の一つとして、消費機会を人工的に創り出す、という手法をとっていきます。昨年（二〇一二〔平成二四〕年）、私がフォーラムでお話した七五三や入学祝、クリスマスといったイベントも、まさしくそうした意図があって発展していったのですが、食についても同様の戦略が強く見られます。生きていくためだけの食ではなく、食に関する余剰の消費をどう増やしていくのか、ということには、外食だけでなく、贈答品、そして家庭内での行事食、といった食のジャンルが関係してきます。贅沢な食事をするための期間限定の「言い訳」ですね。「〜には〜を食べなければならない」というメッセージを人々に浸透させていくことが必要となってくるわけです。それは決して自明なものではなく、人為的につくられたものも多く入り込んでいることが、今回山田さんのご指摘の通り、重要な点であると思います。

山田さんがお話された行事食の「おせち」ですが、現在料亭やホテル、百貨店による「おせち商品」が売り出されています。そうした完成品でなくても、家庭ではすべて手作りというのではなく、既製商品も混ぜて詰め合わせるスタイルが主流で、展示コーナーでも百貨店やスーパーで売られる、様々な出来合い品が並んでいます。こうした既製品の食は、手作りよりも手軽に、目に見えてわかりやすく行事食に誘導します。先程の重に詰めるという定型化のお話ですが、何かをかたちとして定型化していく流れというのはデザイン史という立場からも非常に面白く、これによって消費者は手軽に伝統を楽しむことができるようになっています。

今回はデパートとスーパーのおせちの例が展示されていますが、コンビニや個人の店などがどのようにかかわっているのか、行事食が認知されていく過程で、どのような広まり方をしていったのか、明らかにしていく必要があると思います。さらに「おせち」以外の行事食の商業化についても、例えば雛祭りの料理やスイーツ類、さらには近年の節分の恵方巻き、今丁度そのシーズンであるハロウィーンのパンプキン料理など次々と加わっていく食の商業イベント化について、今後是非目を向けていってほしいと思います。なかには雛祭りのように、桃の節句であるにもかかわらず、苺のスイーツフェアのようになってしまっている不思議な展開もあり、その強引なこじつけも含め、伝統の利用の怪しさを記録していく必要があるのではないでしょうか。特に和食などは今後、無形文化遺産に登録されるなかでどのような展開になるのかが非常に楽しみなところです。

こうした行事食の商業化が進むなか、近年はさらにこれが波及した結果として、先程の川村さんのお話にもありましたが、郷土食の商業化も著しく進んでいます。私は大学で食文化とデザイン企画の授業なども担当しているのですが、学生を連れて見学していると、どこも「地元産であること」を強調した食材を、（それまでそれほど有名でなかったものも含め）観光利用されているのが目につきます。単に郷土料理の枠を超えて、地元の食材そのものに関心が寄せられ、それを使った新たな「郷土の食」がかなり人為的に創られていくという状況が生まれています。そこから、「すべてが地元産の食材でなければならない」という、一種の強迫観念のような状況も生まれ、郷土の食を無理矢理ねつ造しているような印象も見られたりします。このところフードディレクターやデザイナー、アーティストたちが、この「食」をめぐる活動を積極的に展開していて、確かにそれは画一化されてしまった私たちの食を見直す重要な契機となっているのですが、それが転じて、いわゆるパッケージ化された出来合い商品としての「郷土食」となってしまっていることも、また事実であり、それを手軽に買い求めようとする私たち消費者の姿もあることを、理解しなければいけないと思います。

例えば、授業の課題で現地調査をした「みしまコロッケ」などは、明らかに近年つくられた「ご当地の食」です。また、この写真は、今年（二〇一三〔平成二五〕年）の課題で取り組んだ「ちがさき牛」というもののブランディングに関するものですが、神奈川では葉山牛は多少有名だけど、ちがさき牛となると実は一軒しか畜産農家がない状況です。でも、とても誠実な畜産をされているところで、これを意図的に「ご当地の食」に仕立てていこう、という取り組みを、私は授業ではやっているわけです(図1)。現地調査をしますと、例えば、茅ヶ崎市民の「何でも地元産でなければいけない」という非常に強いこだわり(私には必要以上に強いように見えました)があって、写真にありますように「全部茅ヶ崎産のものを使っています」というのがいろいろなところで見られます(図2)。その意識は決して自然なものではなく、特にこれは外から茅ヶ崎に移住してきた比較的文化的な意識の少なくない市民が抱いているという、そのようなことも重要です。このような背景も含めて食文化の研究を発展させていくのも面白いのではないかと思いました。

それからもう一つの青木さんのご発表についてですが、私の方からは「理想の身体に近づく」という内容を発展させて、「化粧をすること」の意味について、少しコメントを加えさせていただきたいと思います。私が付け加えたいのは、人々が化粧、あるいはもっと具体的には化粧品とどう向き合っているか、という部分です。明治以降日本にできた国産化粧品メーカーは、化粧品の乱売を防ぎ定価販売の維持を目指し、そのブランドイメージを損なわないため、徹底した管理のもとでの販売を進め、それが現在の「制度品」と呼ばれる化粧品のジャンルを形成しています。

それに対して、一般の卸・問屋を通して小売店が商品を販売するのが「一般流通商品」であり、美容部員の派遣もないため、消費者は陳列している商品を自由に手に取ってみることができます。ドラッグストアやスーパー、バラエティストアなどで売られている大衆向け化粧品のことです。これらのメーカーには、柳屋本店(一六一五〜)や伊勢半(一八五二〜)、井田両国堂(一九一八〜)といった老舗も含まれていて、日本の化粧品産業を支えています。この一般流通商品の販売方法が、化粧品に対する大きな意識の変化をもたらします。

近代の消費文化が新たに生み出した特徴の一つが、販売のスタイルの変化で、日本で言うと、旧来の座売り形式から、自由に商品を見て回れる陳列方式に変わっていったことが、大量消費の舞台を創り出したといわれています。しかし、多くの化粧品メーカーはこの流れに逆らうように、あえて陳列方式ではなく対面販売方式を長らく守り続け、美容部員によるアドバイスのもと、化粧品は購入されていきました。ポスターや雑誌のモデル、女優などは、女性たちにとっての近づきたい「理想の美」となっていきますが、膨大な数が出回る化粧品について、その使い方、化粧方法などがファッション雑誌などで情報が詳しく掲載されるようになるのはこの二〇～三〇年くらいであり、多くの人々にとって、どう化粧すればよいのか、どの化粧品を使えばよいのか、わかりにくい状況でした。正しい化粧方法がわ

図1　ちがさき牛パンフレット
（2013年　学生による作成）

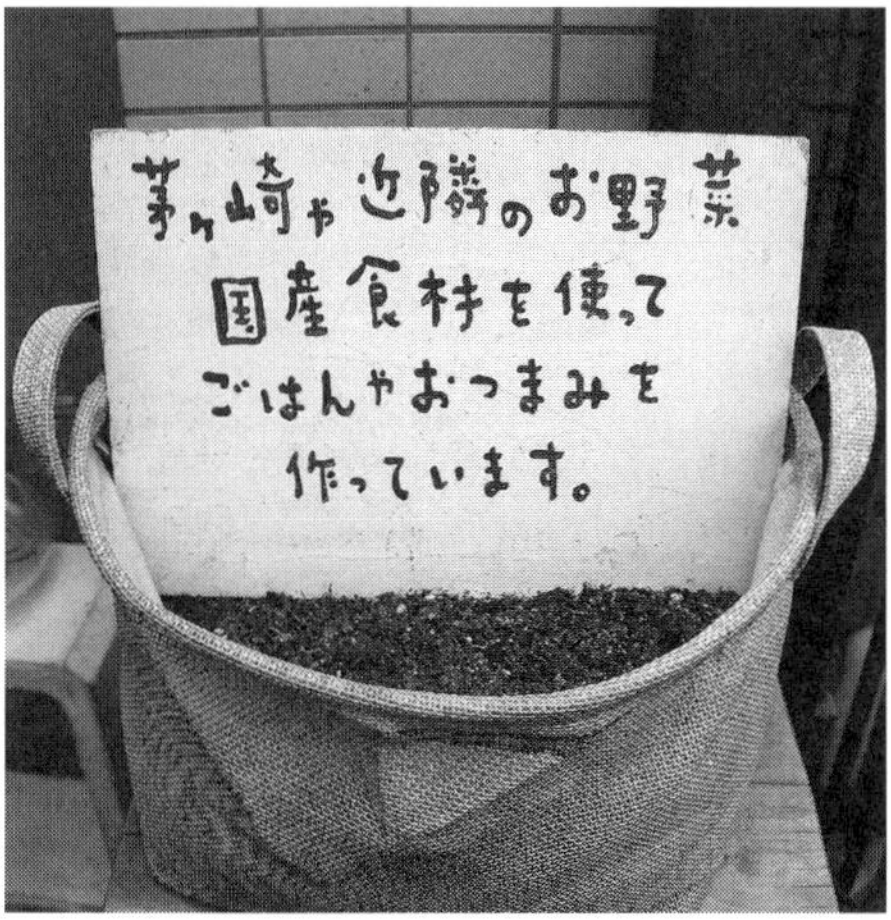

図2　地元産をアピールした茅ヶ崎市内のカフェで
（2013年　著者撮影）

からない消費者にとって、豊富な知識をもった店員からの直接的なアドバイスは、確かに重要だったと思います。しかし、身に覚えのある女性もいらっしゃるかと思いますが、一旦美容部員につかまってしまうと何か買わずには立ち去れない、という非常に厳しい状況に陥ってしまうことにもなります。それでも「化粧」に不慣れな世代には、こうした美容部員のいる百貨店や街のチェーンストアでなければ不安、という方もまだ多くいらっしゃると思います。

しかし、日本人が化粧に親しみ普及するにつれて、それが変化していきます。女性の社会進出とファッション情報の氾濫により化粧が日常化し、さらに低年齢化が進みます。若い頃から化粧に慣れ親しんだ世代の間では、もはや対面販売は必要ではなく、もっと自由に見て回れ、そして価格も安い、いわゆる「セルフ化粧品売り場」に人気が集中することになります。セルフ化粧品売場というのは、化粧品が陳列棚にずらっと並べられ、売っている化粧品は制度品ではないために美容部員の派遣もなく、テスターが用意されていて、化粧品を自分で手に取って見たり、自由に試すことができる消費者主体の売り場のことです(図3)。

デザイン史の研究者として面白いのは、こうした化粧品の陳列販売が主流になる背景として、パッケージの革新が重要な鍵を握っていたという事実です。ＰＳＰ(パーフェクト・セルフ・パッケージ)システムとよばれる、透明なプラスチックのカバーに商品を入れ、棚のフックに掛けて商品を陳列する、今日ではよく見る方式のことです。一九六五(昭和四〇)年に伊勢半が初めて導入するのですが、これによって化粧品のセルフ販売が一気に進みます。透明パッケージのため、客は自分で商品を見て、説明を読んで購入できます。また、フックに掛けられるので、効率的に縦に陳列棚に収納できます。そして、ここで登場したのが「テスター」でした。初めは美容部員が客に化粧を実演するために用いられていたテスターですが、これがＰＳＰの導入された昭和40年代以降、急速にセルフ売り場で採用されるようになります。買ってからの失敗を防ぐことができるこの方式は、たちまち女性たちに人気となります。

しかしここから約半世紀たった今、化粧品と化粧をする行為は、さらに大きく変化しています。私の研究室で二年前（二〇一一〔平成二三〕年）、学生たちが女子大学生約一〇〇名に対して行ったアンケート調査では、セルフ化粧品売り場の利用の仕方で、非常に興味深い結果が見られました。化粧品コーナーでの滞在時間は一五分以下が二一％なのに対して、一五〜三〇分が五五％、三〇分以上が二四％と、非常に滞留時間が長いことがわかります。さらに化粧品コーナーに来る目的については、実際に化粧品を購入するためと答えた人は三九％であるのに対し、時間つぶしのためふらっと立ち寄った人も三七％とほぼ同じ割合です。商品・新商品の偵察という人も含めますと、半数以上の人にとって化粧品コーナーが何の目的もなく、商品を購入するのでもなく、ただぶらぶらする場になっていることがわかりますし、私も実際よくそのように使っています。このため、一度訪れると長い時間、滞留することになります。ここではもはや陳列方式は購入には直結しておらず、不思議な消費空間が出来あがっているといえます。

図3　セルフ化粧品の壁面陳列
（プラザ ルミネ横浜店／2011年 学生撮影）

そして、このセルフ売り場では、上品で優美なデザインばかりではなく、むしろインパクトのある商品デザインが注目されています。伊勢半が二〇〇五年に発売した「ヒロインメイク」（少女漫画のヒロインをキャラクターにした、変だけど目立つデザイ

図4　過剰なマスカラの広告
（プラザ　ルミネ横浜店／2011年　学生撮影）

ン)は、大人気となったので、記憶にある方も多いと思います。売り場では、これでもか思えるほど過剰なマスカラ、つけまつげ、リップグロス、これらを強調するポップや広告、パッケージデザインで溢れています(図4)。

　これらの事実は何を意味するのか、少し考えてみますと、化粧はもはや「理想の身体」へと自分を近づけるための道具ではなく、単に顔というキャンバスにお絵描きをして楽しむ道具になっているのではないか、と思ってしまうところがあります。社会に出ていく女性たちが、素の自分を見せない「壁」として高度な化粧技術を獲得していきましたが、もはや彼女たちにとって、素の自分と変身後の自分とのギャップはどうでもよく、その仮想現実を積極的に「お絵描き」的に楽しんでいるように思われます。なぜ、あれほどまでに異常なマスカラになってしまったのか、なぜブログで「すっぴん公開」とか「半顔メイク」などが人気となっているのか。彼女たちには、素の自分と大きく異なってしまうことへの後ろめたさはあまり感じられなく、純粋に描くことへの興味に向かっているように思えてしまいます。そしてそれは、セルフ売り場でテスターを自由に駆使して楽しむ女性たちが、皆持っている感覚なのかもしれません。そう言った意味で、化粧文化と個々がどう向き合ってきたのか、という観点も、この美容というテーマでは面白いのではないか、と思っています。

主な参考文献

神野　由紀『子どもをめぐるデザインと近代』（世界思想社、二〇一一年）。
奥村　文絵『地域の「おいしい」をつくるフードディレクションという仕事』（青幻舎、二〇一四年）。
谷川　小夏「化粧品ディスプレイの歴史」（関東学院大学人間環境学部人間環境デザイン学科二〇一一年度卒業論文）。
山岡　良夫『化粧品業界』（教育社、一九八五年）。
中島美佐子『よくわかる化粧品業界』（日本実業出版社、二〇〇八年）。

総合討論

司会　重信　幸彦

小池　それでは、時間を過ぎましたので総合討論に移りたいと思います。大変たくさんの質問をいただきまして、短時間で充分に整理してそのすべてにお応えすることは、できそうにありません。しかしできるだけ、皆さまのご質問やご意見を反映して総合討論を行いたいと思います。ここから総合討論の司会は、東京理科大学などで非常勤講師をされるとともに、本館の客員教授をしていただいている重信幸彦先生にお願いしたいと思います。それでは、よろしくお願いします。

司会　ただ今ご紹介いただきました重信と申します。それでは、総合討論に入らせていただきたいと思います。総合討論といいましても二〇分しかございませんので、早速始めさせていただきます。

皆さんのなかには、民俗学というものは、今まで私たちの生活のなかで変わらないものを一生懸命研究してきた学問だというイメージを持っていらっしゃる方もあるのではないかと思います。しかし今、民俗学は、そのような従来の民俗学から変わろうとしていることを、今日のフォーラムをお聞きいただいて感じ取っていただけたのではないかと思います。

今日は、前半の報告1と2と、後半の報告3と4がございました。報告1と2のほうは、アイヌという少数民族の現在に関する報告と、観光地のおみやげから考えることができる地域イメージに関する報告でした。両方とも一つの集団や地域が、観光を通して、様々な要素を使いながら、自分たちの存在、自分たち自身のイメージをどのように語り、そして表現しているか、という問題に焦点化していたといえます。そして、報告3と4は、一方は正月のおせち料理を中心とした行事食、そしてもう一方は家族のありかたや身体に関する衛生観や美意識などを扱っていました。両方とも私たちの日常生活のあり方そのものを議論していたと思います。ただその時に、しばしば私たちが正月の料理に関して、「これが、私たちがずっとやってきたやり方だ」と考えていたり、または私たちの衛生や清潔さに関して、「日本人はずっと清潔な民族だったのだ」というようなイメージを持っていたりするのですが、そのような当たり前や常識自体が、企業も含めた非常に新しい仕組みのなかで作り出されてきたということを明らかにしていました。つまり日常生活のなかの自明性を問い質す姿勢は、二つの報告に共通していたと思います。

そして報告1と2に対しては柴崎さんから、報告3と4に対しては神野さんから、コメントをいただきました。総合討論は、コメンテータのお二方が提起してくださった問題に沿って、フロアからいただいたご質問やご意見をからめながらすすめていきたいと思います。

まず、報告1と2に対する柴崎さんのコメントは、歴史や自然など身の回りの様々なものをつかって自分たちを表現していくことを捉えるために「資源化」というキーワードを出されました。この「資源化」によってうまく自己表象を作り出している場合もある一方で、非常に均一化していく場合があるという危険性も指摘されていました。それに関わらせてフロアからのご質問もまとめてご紹介しながら、パネリストに質問をしてみたいと思います。

例えば「展示のなかでアイヌのアートを選ばれた理由を教えてください」という質問が内田さんに来ています。もう一つ、これと重なる質問ですが、「現代のアートを取り上げているのですが、アートというのはあくまでも個人の感覚や創造力が重視されるのではないでしょうか。そのアートは、アイヌ民族という問題とどう関わるのでしょうか」というご質問が来ています。

先程の柴崎さんの資源化をめぐる問題提起と関わらせて、内田さんに一言、お願いできますでしょうか。確かに、このような歴史系・民俗系の博物館でアーティストの作品を扱うというのは、とても興味深い試みなのですね。

内田　ありがとうございます。あえて「アート」を切り口にいたしましたのは、現代社会におけるアイヌ文化の多様なあり方を心にとめていただきたいと考えたからです。アイヌ民族あるいはアイヌ文化ということばから、一体何が最初に思い浮かぶだろうか、と問われた時に、私の報告のなかでご紹介したアンケートのように、アイヌの「伝統」文化に関する事柄を思い浮かべる方が多いのではないかと思われます。けれど、現代を生きるアイヌの人びとを友人や親戚として知っている人だったら、もっと別の事柄が思い浮かぶのではないでしょうか。具体的に知っているのではない対象に対して、あらかじめ与えられたイメージの範囲内で、先入観を持って向かい合う、というのではなく、別の方法をとってみたかったというのが、「アート」を切り口にした理由の一つです。一九九七年に施行されたアイヌ文化振興法によって、「アイヌ文化の振興並びにアイヌの伝統等に関する知識の普及及び啓発」が図られているわけですが、この法律が普及・啓発の対象にしているのが、おもに「伝統」文化なのです。けれど、この法律が普及・啓発の対象とするアイヌ文化の枠組みにはまりきらないような実践が、現在のアイヌ民族のアーティストによって行われています。伝統と完全に切れているのではなく、受け継いだ文化を更新しながら継承しているということ、そして、アイヌ民族としてのアイデンティティをそこにおいて育み、世界とつながりながら存在している、という展示のメッセージを伝えるために、「アート」という切り口が必要だったと考えています。アイヌの人びとがどのようにアイヌ文化と出合い、それと向き合い、アイデンティティを形成していくか、それは、個別的な体験ですが、そうした「個」の脈絡を先入観なく受け止め、現代のアイヌの人びととアイヌ文化について理解しようとする姿勢が、同時代を生きる私たちに必要なのではないかと考えています。

司会　アーティストの創造力そのものが自分たちのアイヌの文化に根ざしているということと、振興法などによって定義された「伝統」文化というものが一人歩きすることに対する、ある種の対抗的意味がそこに込められているということがお分かりいただけたのではないかと思います。その意味では、柴崎さんのコメントにありました「資源化」がはらむ危うさも含めた問題意識が、このアイヌ展示のなかに込められています。

もう一つ、川村さんは観光地のおみやげを扱われていたのですが、川村さんのご報告は四つの円を使って、とても分かりやすく問題の整理をされていましたが、あれはおそらくおみやげの分析だけにとどまらず、場合によっては民俗学自体の関心のあり方があのようなかたちで、シフトチェンジしていくということをも示しているのではないかと思いながら私は聞いていました。

川村さんへのご質問で、「川村さんのご意見ですと、おみやげとして分析する対象が非常に多くなってしまうわけですが、それら数多くの対象をどのように操作・分析するべきか」と。難しいのですが、おそらく民俗学そのものの今後に関わってくるのではないかというところですが、簡単に。

川村　では、お答えします。単純に、民俗学としては不可能です。不可能といいますか、現状ではおそらく限界があるでしょう。私自身は民俗学、文化人類学をやっていますけれども、いろいろな研究分野というものの理論的な枠組み、そして、問題関心というものを総動員していけばいいと思っております。民俗学でやる必要はないけれども、ただし、民俗学の方面から見た場合に、今日お話した「本地」や「方便」や「補完」という位置づけ。実はあの四図式というのは、私は文化人類学者のレヴィ＝ストロースの『野生の思考』という本からヒントを得て、あのような図式を作っております。

ですから、民俗学ですべてをまかなうというのは、おこがましいといいますか、無理があるでしょう。ただし、民俗学も現代の人文科学、社会科学の一分野である以上は、他の分野と協働しながら研究を進めていかなければいけませんので、当然おみやげについてもそのような幅広いところから見ていきたいと思います。実は、今日の話をうちの考古学の先生にお話したところ、考古遺物を象ったおみやげなどについて関心を持たれている考古学の先生もおられるようです。ですから、そのようなところとも協同で考えていきながら議論を進めていきたいと思います。

司会　それでは次に報告3と4にうつります。神野さんから、私たちの日常生活で当たり前と思っていることが、実は当たり前ではない、という問題について、それがどのように食や化粧というところで展開しているかについて、コメントをいただきました。

そのなかでとても興味深いご指摘をされています。今、化粧品を選んでいる若い女性は、実は化粧をするという意識すらもうなくなっているのではないか、と。つまり、顔にお絵描きをしている、のではないかというのです。これは、青木さんが話された「理想の身体」の展示が表そうとした状況をさらに超えているようなところがあります。

ここで青木さんにフロアから次のようなご要望が来ています。「お時間が許すなら、今日あまり触れられなかった、欧米化志向から『かわいい』へ、という内容も、簡単で結構ですので、是非お聞かせください」。このフロアのご要望にどこかで応えるかたちで、先程の神野さんの、「理想の身体」をさらに超えるような現状についてのご指摘に対する青木さんの感想または意見をいただけますか。

青木　どのようなストーリーであったかといいますと、一九七〇年代の日本の化粧品業界のイメージは、西洋化、欧米化のイメージが非常に強いと思います。実は戦後しばらく日本人の美というものに注目していた時期があります。その時期は、モデルを大体映画界の女優さんたちが務めています。ところが、一九六〇年代になりますと、ある時期に日焼けブームがやってきます。その日焼けブームとともに、アメリカ風のメイクが導入されてきます。そのために一九七〇年代以降というのは、モデルさんがハーフモデルや外国人モデルに変わっていきます。そのことによって美意識の変化があったということがまずあります。その後に、一九八〇年ぐらいに資生堂さんが読者モデルというものを始めて、段々とモデルが身近な存在に変わってきます。その読者モデルが入ってきた後に、モデルがさらにアイドルに変わってきます。アイドルに変わっていったことにより、それまできれいとか欧米志向であったものが、段々「かわいい」に変わっていきました。さらに、「かわいい」の後に「大人かわいい」などが出てきますと、年齢に対する意識も変わっていきます。そのようにして、年齢に対する意識や日本人の美と欧米人へのあこがれの関係といった美容観や、日焼けに代表される健康観の変化が現れてきたということです。ものを通じて美意識が変わってきたという話がしたかったわけです。

先程の神野さんのお話は、難しいですが、おそらく流通の変化が大きくて、それまで制度品メーカーが力を持っていたのが、量販店が増えてきたことにより段々と流通経路が崩れてきた影響が大きいのだと思います。それまで大手メーカー、制度品メーカーというのは、化粧品店や百貨店に特化して販売していたのが、段々通販や量販店でできるようになってきまして、消費者によるつかい方の自由度が増してきたのではないかと思います。

その結果が、神野さんが発表されたようなことにつながっているのだろうと思っています。

司会　総合討論に残された時間は、もうあと五分程度でございます。最後に一つ、大きい問題を、ここにいるパネリスト全員に投げたいと思います。今日のフォーラムは副題に「博物館型研究統合の視座から」とあり、それについて冒頭で小池さんからも趣旨説明がありました。フロアから、博物館のあり方という問題についていくつかコメントが来ています。例えば、「今日のような展示の意図を公にする機会をもっと頻繁に行ってほしい」「できれば入口に図のある説明文を入れて分かりやすくしてほしい」というご指摘、またこれも博物館のあり方に関わるご質問といえると思いますが、「日本におけるアイヌの概念というのは、将来的には、博物館の中のみになるおそれがあるのではないか、いかがか」と。もう少し大きなレベルで、「世の中がいろいろと多様化していくなかで、博物館の姿、未来像はどうなるか」というご質問が来ています。これは神野先生へのご質問ですが、全体に関わる問題として、あえてすべての先生に開いて問いたいと思います。

皆さんのお手元にあります予稿集にいくつか重要なヒントが出ているのではないかと思います。例えば、内田さんは、アイヌの展示に関して、既に存在している歴博の展示を新たに編集し直して、より包括的なアイヌ像が分かるような仕組みを作らなければならない、とおっしゃっています。また、青木さんは予稿集のなかで、展示のなかから自分の物語をみつけてほしい、と皆さんに訴えかけています。川村さんが今日見せてくれたのは、おみやげの展示というものをもう一回シャッフルして編集し直すという、非常に見事な作業でした。こうしたところに、博物館の見方のヒントがあるのではないかと私は感じます。大変に難しい質問ですけれども、博物館の将来について一言、どなたでもいいです。では、山田さん。

山田　まず第四室民俗の展示室入口のところも含めて、かなりいろいろなご意見をいただきながら展示を作って参りました。要するに、これが正しい民俗であるという姿を提示しないというのが、今回の総合展示第四室の新構築なのではないかと思われます。民俗が形成されてきた様々な歴史的経緯を踏まえ、われわれが身近な問題を考えていく際に、この展示を素材として考える場であればいいと願っております。そしてこのような場を、展示というかたちもありますし、このようなフォーラムというかたちでもいいですし、いろいろなかたちで提示をしていくことが大切と思われます。今回の新構築では、展示替えも想定しながら、資料を収集しています。そして企画展示の開催や総合展示の更新はそれなりに準備に時間がかかりますが、研究成果をいち早く提示する場として副室も設けました。こうした様々な機会を利用しながら展示を更新していくこととなっています。当然、おせち料理の場合にも、これが一〇年同じものが続くわけではないので、適宜更新していくことになるかと思います。私たち歴博の教員は、ある意味で大きな課題を背負いつつ生きていかなければいけないのではないかと考えています。簡単ですが。

司会　複数の媒体、機会をつかって、展示を複合的に提示していくという可能性についてお話をいただきました。大事なのは、「これが正しい民俗だ」ということを提示しない、と。むしろそれを考えていただく場所にする、ということ。つまり私たちの日常生活を問い直すという場にしていただきたい、というお話であったと思います。

実は、このフォーラムも含めて一連の「民俗展示の新構築」というフォーラムは、単に第四室の展示が完了したからやっているというわけではありません。この展示を皆さんに見ていただき、賛同していただく、また場合によってはまさに柴崎さんがコメントで仰っていたように、違和感を抱いていただくことが大事なのです。それを私たちが受け止め、いろいろな機会をとらえて、考え直し、実際に修正や更新を展示に加え、またこのようなフォーラムを通して語り直したりしていく作業がこれから始まっていきます。先程の山田さんの「大きな課題を背負いつつ生きていかねなければいけない」という言葉は、今日の結論にあたる言葉といえそうです。

そして、今回のこのフォーラムは、その第一歩として位置づけることができるのではないかと思います。ここにいる本日パネリストをつとめたメンバーが非常に有力なスタッフであることは間違いないのですが、さらに博物館の展示に関心を持ち続けてくださる皆さんのお力が非常に重要になります。今後も、この展示に関心を持ち続けてくださるよう、最後にお願いして、この総合討論を終わらせていただきたいと思います。

おわりに―現代の暮らしを展示すること―

重信幸彦

一　現代の暮らしを語る、二つの切り口

二〇一三(平成二五)年三月に第四室の民俗展示がリニューアルオープンしました。それまでの二年間、私は、客員教員という立場から、展示新構築の過程の一部を見せてもらい、多くのことを学ばせてもらいました。そして今、改めてこの新たな第四室の展示はかなり破壊力を秘めているのではないか、と思っています。

あえてやや物騒なたとえをすれば、時限爆弾、でしょうか。展示には、パネル、実物やレプリカなどのモノ、映像や、手前の手すり上のメクリなど、様々な仕掛けがほどこされ、情報が層をなしています。パッと観てしまう人は、それはそれで、ポイントは逃さずに受け取ることができる。しかし、見る側が問いを持って時間をかけて見る、さらには何度か繰り返し来てみると、新たな発見があり、非常に深いところまで連れていってくれる展示になっています。

この展示が、民俗学を学んでいる人や、興味を抱いている人にどのように受け止められていくのか、そして民俗学などに全く興味も関心もなかった人をどう巻き込んでいくのか。その効力がわかるのは、もう少し時間がたってからではないでしょうか。だから「時限」爆弾です。

第四室の最初に置かれた「『民俗』へのまなざし」という展示には、大きく二つの切り口があります。一つは、現代の暮らしです。現代の日常生活、これはおせち料理、家族の空間の再現、「理想の身体」などのコーナーによって具体化されています。もう一つは、柴崎さんが、コメントで提起していたように、開発と近代化のなかで、各地の暮らしがどのように「資源化」され変容してきたか、という文化資源の問題です。

そして、この民俗とは、これまで民俗学が築き上げてきた一つの考え方であり、実は、決して本質的な実体を持つものではありません。民俗は、民俗学が一つの問いとして作った考え方です。ですから、今後、民俗学という学問が、「民俗」という考え方を使って何を問題にしていこうとするのか、そして「民俗」をどのように捉えていくのか、そうした問い直しによって、そこから見えてくる「民俗」の内実は変わってきます。したがって、この「『民俗』へのまなざし」が最初に置かれることによって、これまで前提とされていた、枠組みとしての「民俗」という考え方が変えられていく可能性があるのです。この第四室展示が破壊力を秘めた時限「爆弾」だといったのは、そういう根本的な問い直しを意図していると思うからです。

川村さんが、おみやげを整理しながら幾つかの図を通して見せてくれたのは、この「民俗」という考え方の、従来の場所と、今後の展開の可能性の広がりだったのではないかと思います。

そして「民俗」という考え方により、私たちの暮らしが具体的にどのように見えてくるのか、そしてそれを博物館という場で、どのようにわかりやすく提示していくのか、このフォーラムの掲げた民俗「表象」ということばには、そうした問題意識が込められています。

二　商品に支えられる暮らしを問う

新たに構築された第四室展示の冒頭の「『民俗』へのまなざし」という展示の二つの切り口のなかの一つ目は、市場経済という仕組みを前提として成り立つ私たちの暮らしのありかたの問題です。

それは、民俗学がこれまで考えてきたはずの伝統とか伝承という問題と、かけ離れていると思われるかもしれませんが、日本の民俗学の枠組みを作り上げた柳田國男が経済史家として一貫して問い続けていた問題の一つでした。農業政策を自らの課題としていた若き官僚の時代の柳田と、民俗学という新たな学問を作り上げていく柳田のちょうど結節点にあたるのが彼の『明治大正史　世相篇』（一九三一）という著作です。大正期から昭和初期にかけて社会問題となり、昭和恐慌のなかで殊更に激しくなっていった農村の疲弊という現実とむきあい、その原因を人びとが当たり前のように暮らしてきた日常生活の変化のなかに探ろうとしました。

そこで柳田は、近代的な市場経済の仕組みを通して農家の消費と生産を支配するようになった都市の商人の影響力を、農村の衣食住やイエという関係性のありかたなどから、さらには生産や労働力の配分の仕組みまで、日常生活の広い範囲にわたる変容を通して批判的に検討しています。民俗学の始まりには、農村の暮らしが、「都市」という仕組みによりコントロールされた市場経済に組み込まれて、あともどりできないような変容を強いられていく状況を、具体的な日常生活のありようから問おうとする姿勢がありました。

しかし民俗学は、一九六〇年代以降、大学制度に組み込まれていく過程で、暮らしのなかの変わらない部分としての基層文化や伝統文化、伝承文化を研究する学として自己規定し、また外からもそれを期待されるようになり、こうして『世相篇』で問われた近代的市場経済の仕組みを日常生活から問い質すというまなざしを後退させていきました。

結局、そうした市場や商品をめぐる問題は、一九八〇年代以降に議論された都市民俗学や、二〇〇〇年代に欧米の民俗学から紹介されたフォークロリズムの議論によって呼び戻されることになりました。特に、「民俗」と名付けられた事物が、観光産業や商業のなかで、商品化されていく過程を取り上げたフォークロリズム論は、そうした議論を先鋭的に展開してきました。

第四室の「『民俗』へのまなざし」は、このような近年の民俗学の展開を踏まえたうえで構築されています。もしこの「『民俗』へのまなざし」の展示をご覧になった方が、「これが民俗か」と違和感を抱かれたとするなら、柴崎さんが言っていたように、それこそが、この展示に仕掛けられた問いかけへの入り口なのです。

第四室全体の冒頭でもある、「『民俗』へのまなざし」は、まずデパートの高級なおせち料理から始まります。そしてその隣にはスーパーマーケットのおせちコーナーが再現してある。今、私たちが、「せめて正月くらいは、それらしくしよう」と考えたとき、デパートやスーパーマーケットの商品によって、ほとんど全ての支度ができるようになっています。

そもそも「正月らしく」という思いそのものが、年末の新聞にはさまってくるスーパーやデパートのチラシ広告や、年末の婦人雑誌の特集記事などに刺激されていたりします。実際に、あのおせち料理の展示の向かい側には、戦前期からの婦人雑誌が並んでいたはずです。

私たちが、場合によっては、一年のうちで最も「日本の伝統」をイメージして過ごそうとする正月は、このような商品経済の仕組みの下支えがあって、はじめて存在し得ていることが改めて突きつけられます。この部分の展示を構成された山田さんのお話は、私たちの正月の行事食をめぐる経験が、いかにそうした近代的な過程によってかたちになってきたかを説き明かしてくれていました。

また、「現代の家族像」や「理想の身体」のコーナーも、巧みな仕掛けがほどこされています。「現代の家族像」のコーナーでは、私たちが「家族」や「家庭」という言葉に対して思い浮かべる、暖かで愛情あふれる暮らしの空間が再現され、そこには、理想的な家族のありかたを想定して作られた住空間のかたちから、家族で囲む食卓を彩る半加工品としての冷凍食品、そして教育をも含めた外部から提供される、子供をはぐくむための商品や多様なサービス、情報まで、私たちにとってなじみ深い家庭の光景があります。現在の私たちの家族という関係性は、こうして外部から提供される商品やサービスによって支えられていることが、この一つのシーンのなかに凝縮されています。

そして、「理想の身体」のコーナーも、多様な化粧品や薬品、性別や年齢層に分かれて発行されている雑誌の情報などにより、私たちは自らの身体と健康状態の理想像を思い描き、それに沿って身体を維持すべく配慮していることが、健康と身体に関わる商品の陳列棚をモデルにした展示方法で示されています。そこには、場合によっては、「日本人は清潔好きだ」という自画像まで刻まれているかもしれません。

私たちはドラッグストアの棚で、どのような化粧品や健康商品を買おうかと思いながら、商品に手を出すその瞬間に、そうした商品や情報によって与えられた自らの身体の理想像をなぞろうとしていることが、ここで再現されるのです。青木さんが、丁寧に説き明かしてくれた化粧品とその広告をめぐる歴史的展開は、私たちの「理想の身体」像が歴史的な産物であることを問い質しています。

これらは、私たちの日常のふるまいや慣習、従来「民俗」と名付けられてきた行事などが、現在いかに商品経済の仕組みに規定されて存在しているのか、私たちが日常生活のなかで「あたりまえ」のように接している光景を切り取り、提示することで、改めて問いかけてきます。

三　商品化される暮らしを問う

広い意味での文化資源や文化遺産をめぐるテーマは、「『民俗』へのまなざし」のもう一つの切り口です。地域の暮らしや歴史を、観光資源としてつくりなし、外部に向けて発信していくことにより、地域の活性化を生み出そうとする光景もまた、各地でごく一般的に見ることができます。そしてそれは、観光地で売られているキーホルダーなどのおみやげから、観光の対象となる文化財や文化遺産、様々に繰り返し語られる歴史さらには景観にいたるまで、幅広く存在しています。それは抜き差しならない暮らしの場である地域が、観光というマーケットのなかで商品化されていく姿であるともいえます。

「『民俗』へのまなざし」のなかの、観光地のおびただしい数のおみやげが壁の両側を埋めている、まるでおみやげのトンネルのような展示は、そうした商品化のかたちを、端的に見せてくれます。地域の暮らしのなかから、実に多様な要素が選び出されておみやげをかたちづくるモチーフに使われていることがわかります。ただそれは一方で、たとえばハローキティなどのキャラクターとくっつくことで、実は、とても似たようなたたずまいになることも事実です。言い換えれば、それぞれの地域の暮らしから選ばれた、多様な背景を持つ要素が、あらかじめ決まっているいくつかの型に流し込まれていくということでもあります。場合によっては、ほんのわずかのデザインや文字を入れ替えれば、どこでも通用するようなおみやげが生み出されることになります。商品になる、ということの一つの現実がそこにあります。

私たちは旅行先のみやげもの店で、決して高価ではないキーホルダーやTシャツを、気楽に買うのではないでしょうか。しかしそうしたみやげものをこうして一望すると、観光という市場は、戦争の記憶にすら何らかのおみやげというかたちを与えて資源化していくどう猛さを持っていることに気づかされます。さらに、そのおびただしい種類のおみやげたちが、それぞれ「見て、見て」「買って、買って」といわんばかりに競争をさせられているという現実もあります。その競争の舞台は、観光産業が国際的な市場を形成していることを考えると、今日のグローバルな経済の仕組みとつながっているはずです。川村さんの報告は、そうしたおみやげの最前線のなかで「民俗」という考え方そのものを捉え直そうとするものでした。

この資源化は、一方で、ある地域に生きる人びとが自画像を作り出し、外に向けて提示していく機会でもあります。たとえば、アイヌを取り上げた展示では、私たちがアイヌの伝統文化に対して抱く固定化したイメージそのものを問い質し、私たちの視線をアイヌの現在へと誘います。そしてアイヌの文化の蓄積を踏まえた現代のアイヌのアーティストたちの作品が、アーティスト自身のことばによる解説とともに展示されています。

そこには、観光というマーケットのただなかで、アイヌの人びと自身が、自らの新たな文化的価値を提示して更新していこうとする創造のフロントを見ることができます。この展示を構想した内田さんの報告は、アイヌがどのように位置づけられ語られてきたか、その歴史を踏まえたうえで、そのアイデンティティの現在に焦点化していく態度を説いています。

こうした資源化は、観光産業のなかで、地域の暮らしを豊かにしていく可能性がありうる一方で、歪みと矛盾がもたらされることも少なくありません。そもそも、資源化していく、と一言でいっても、誰がどのような立場と目的で、それを行っていくのか、決して一枚岩ではありません。『民俗』へのまなざし」の展示では、そこにどんな暮らしと歴史があるのかを、丁寧に示すことを通して、暮らしの資源化という問題について私たちが向き合えるように工夫をしています。たとえば屋久島に関わる展示では、立ち止まって映像資料を開くと、そこで生活してきた人たちが自分たちの日常を撮影した古い動画を見ることができます。「開発」という大きな動きを、日常の暮らしの記憶とのコントラストのなかに捉え、問いかけてきます。

こうした展示は、従来の民俗学が語ろうとしたような、私たちの暮らしのなかには変化しない基層文化が存在し、それが連綿と続いているという物語を一度相対化します。そのうえで私たちの暮らしのありようは、私たちが生きそして生かされている今の仕組みのなかで、変化し続けているという事実をつきつけ、私たちがどのようにその暮らしをつくりなそうとしているのかを問おうとしているのです。

四　想像と想起

このように市場経済との抜き差しならない関係のなかで私たちの暮らしが営まれていることを通して、「民俗」という考え方を問い直そうとしている「『民俗』へのまなざし」は、私たちの二つの想像力のありかたを、見据えています。一つは、これから自分たちがどう生きていきたいか、または生きるべきかという未来を思う想像力です。もう一つは、自分たちがこれまでどのように生きてきたのか、過去を思う想像力です。一方を、未来を思う「想像」、もう一方を、過去を思う「想起」としておきます。

この「想像」と「想起」は、実は、全く別々に存在しているというより、むしろ私たちが自分たちの暮らしを作り出していくときにはたらく表裏一体の想像力に他なりません。

たとえば、正月のおせち料理を選ぶときに、私たちはこれから過ごすべき正月のありかたを想像していますが、同時に、これまで正月はどうあったのか、または「伝統的」な正月はどのようなものなのか想起しています。想起は、これまでに前の世代から伝えられたことも含めた自らの経験や、雑誌などの情報、そして商品そのものが提供する情報など、多様な知識との交渉のなかで行われます。それが真に「伝統的」か否か、というより、そのようなものとして私たちが「思う」ことそれ自体を、立ち止まって考える必要があります。

それは、地域の暮らしが観光という市場のなかで資源化される場合にも同じことがいえます。地域の活性化を期待するなど、その未来を想像しながら、自分たちの過去の蓄積や足跡、そして身の回りに存在してきた自然などを想起し、資源化していくことになります。その際、先にも触れたように、誰がどのような立場から、どのような方向に向かおうとするのか、それによっては地域の多様な暮らしのありようや歴史の経緯を単純化し、かえってその地域の暮らしそのものを疎外する危険性もあります。

たとえば、一つの文化が過去から連綿と継続して生きているというような物言いを殊更に前景化することで、日々生きられ動いている現在の暮らしを固定化してしまうことになります。他ならぬ民俗学が、そうした連綿と続く文化としての「民俗」を実体として語ろうとしてきたことを考えると、民俗学は、自己批判を含めて、こうした問題に向き合う必要があります。この「『民俗』へのまなざし」の展示は、反省も含めて、「民俗」を問い直そうとしています。

確かに、民俗学が、そうした変わらずに連綿と続く文化を無前提に実体化し本質化してしまうことは危ういのですが、一方で、私たちは自らの暮らしのなかで、そのように、過去から何かが変わらずに続いていることを想起する場合が少なくないことも事実です。何かが連綿と続くことを想起して、初めて未来を想像することもできる。家族の幸せでも、イエの永続でも、自らの健康でも、そして地域の暮らしや文化でも、自分たちが生み出し、自分たちを構成している事やモノのなかに、連綿と続いてきた要素があると想起することで、そこで生きて在る自分たちの姿の確かな輪郭を描くことができるのもまた事実です。

かつての民俗学が「連綿」と続く文化を前提として実体化しようとしてきたこととは別に、そうした過去への想像力は、私たちの日々の暮らしにおいては、ごく一般的なものです。第四室展示の冒頭のパネルで、「民俗」について、「連綿と」続いてきているものとして書かれているのは、そうした私たちの想起の想像力が向かおうとする一つの方向性を見据えようとしているからです。

そして、「『民俗』へのまなざし」の展示は、そのような私たちの想起の想像力を受け止めつつ、今それがマス・メディアの情報や、商品のありかたなどに深く規定されて存在していることをも、考えようとしているのです。民俗学は、私たちがどのように過去を想起し、そして未来を想像しようとしているか、それ自体を事実として受けとめて、私たちの暮らしのありかたを問う学問なのだといえます。

五　博物館という共同創造の場から

もちろん、こうした近代の市場経済のありかたや、マス・メディアがもたらす情報が、私たちの暮らしをいかに規定しているかという議論は、民俗学よりもっとスマートに説明してくれる学問があります。しかし、民俗学の真骨頂は、それを日常のごく見慣れた、ささやかな事やモノのレベルから議論して可視化させていこうとする姿勢にあります。そして、一人の人間が経験できる六〇年くらいの幅で、それがゆるやかに、しかし確実に変化してきていることを明らかにします。そうした民俗学の姿勢は、ことばで表現していく論文以上に、博物館というモノや視覚情報を通して表現していく場でこそ、力を発揮するということを、私は、この第四室の新構築の過程を垣間見ることを通して、学ばせてもらいました。

また、もっぱら研究者という同業者集団のなかで流通する論文とは異なり、博物館の展示は、民俗学という学の外部に向けて開かれています。もともと民俗学は、大学の専門的研究者が行う学問というより、そうしたアカデミックな制度の外部で日々の暮らしを営んでいる人たちが、自らの暮らしの経験をもとに、自らの暮らしを問い、自省するための学として構想された歴史があります。博物館は、今日、そうした民俗学の初志に最も近い場所にあるといえるかもしれません。

展示には、自ら問いを持って触れる方々に対して、それを解き明かしていくための様々なレベルでのヒントと解説が仕掛けられ、さらなる問いへといざなう工夫がされています。それはまた、展示そのものへの批評を生み出すに違いありません。そうした批評との対話のなかで、この新たに構築された展示は、展示替えなども含めて、ゆるやかに変わりながら育っていくことになるでしょう。

この文の冒頭で、「時限」爆弾といったのは、そうした受け手との往還関係の時間のなかで、この展示が受け止められていくことを期待してのことでもありました。

そして、時限爆弾としての第四室の展示は、現在の民俗学のことばと発想が、どこまで届く射程を持つものなのかを、改めて考える一つのきっかけをも与えてくれるに違いありません。

民俗展示の新構築シリーズの趣旨

国立歴史民俗博物館（以下、歴博と略記する）はその名が示すように日本の歴史と民俗を研究し、その成果を、展示をはじめとする博物館機能を通して社会に発信する使命を持っている。一九八五（昭和六〇）年にオープンした総合展示第四室（民俗）は全体の主題を「日本人の民俗世界」とし、当時の日本民俗学の蓄積と直面していた課題とに対応することをめざして、民俗文化の多元性を、都市・農村・山村・漁村・南島・他界を軸に展示したものであった。しかし、民俗事象は時代の流れのなかでゆれ動く性質を持ち、それを対象とする民俗研究もその後に新しい展開をみせている。そうした対象と研究の進展とをふまえ、歴博では十年以上前から、展示を新たに構築する準備を進めてきた。

二〇一〇（平成二二）年一一月には長年親しまれてきた「日本人の民俗世界」を閉じ、新たな展示に向けて本格的な準備作業が開始された。その閉室の期間中、歴博における民俗展示の欠を補い、新たな展示のかたちを模索する事業として、「民俗展示の新構築」を冠した歴博フォーラムをわれわれは開催してきた。これは民俗研究の現状と課題とを多くの研究者とともに検討することを通して、新しい展示を組み立てていこうとする営みのひとつであった。

展示は展示空間において、さまざまな資料とその解説とを通して観客に訴えるものであるが、一方で、その基盤となる研究の様相など、展示のなかだけでは充分に表現できない要素で支えられている。フォーラムは研究報告や討論を通してそうした側面を紹介しようとするものであり、さらに書冊のかたちで残すことで、繰り返しの参照や綿密な検討、引用さらには批判の対象となることを通して、展示をより深く理解する手助けにもなることをめざしている。

この民俗展示の新構築と銘打った一連の歴博フォーラムの報告の刊行は、以上のような経緯をふまえて、二〇一三年三月にオープンした新たな民俗展示「列島の民俗文化」の理解を助けるテキストとなることをめざしている。それらは単に歴博の展示の理解にとどまらず、現代日本における民俗研究とそれに関連する分野でいかなる学的営為が行われているか、それらに連なる研究の深化や方法の進展はどのようなものか、関連する諸学問との関係や協力はどのように行われているかを示すものになるであろう。

今回ここにまとめたフォーラムは、「列島の民俗文化」のなかでも最初のコーナーである「『民俗』へのまなざし」にかかわる展示の意図や背景に関する報告を軸としたものである。従来の民俗学のイメージとは大きく異なるであろう、デパートのおせち料理にはじまり、みやげものやアイヌ文化、世界遺産や現代における家族像や身体観が「『民俗』へのまなざし」の構成要素であるが、それらがどのような研究や視点にもとづいて企画され、展示されているのかについてここでは取り扱っている。現代社会のなかの民俗をどのようにとらえ、表象として定位したか、その試みの報告である。

ここでは、人類学や社会学、観光研究や近現代史の方法と成果を意識しながらも、あくまでも民俗研究としてどのような可能性が追求できるか、生活文化総体を扱う民俗研究としての可能性を考えてみようとした。そして、グローバルな広がりを意識する一方で、生活のなかの小さな疑問を持続的に追求する姿勢を堅持することで新たな民俗研究を構築しようとしている。ここでの議論を出発点としてさらに調査・研究を積み重ねていくことで、現代文化としての民俗がどのような意味を持ち、それを研究する営みがどういった可能性を持つか、といった問いにも答えていくことができるであろう。

こうした意識のもと、日本民俗学会をはじめ多くの関連諸学会の支援と協力とを得ながら、民俗展示を新たに模索し構築してきた過程の重要な副産物として、さらに今日の民俗研究の最前線を示すものとして、この「民俗展示の新構築」シリーズの最終巻『民俗表象の現在—博物館型研究統合の視座から—』をここに送り出す。同時に刊行する『現代社会と民俗文化』とともに二〇一三年に行なわれた二回のフォーラムの内容を書冊としてまとめたものである。「民俗展示の新構築」全七冊によって提示された視点や方法、成果に対して忌憚のない御批判をいただき、ともに民俗研究の革新をめざす人びとの共通の議論の土俵となっていくことを期待している。

国立歴史民俗博物館・第四室（民俗）展示プロジェクト委員会代表　小池淳一

【執筆者紹介】掲載順

内田　順子（うちだ・じゅんこ）
国立歴史民俗博物館准教授・総合研究大学院大学准教授
「民俗誌映画の課題」（『国文学 解釈と鑑賞』73-8、2008年）
「写真・映画の資料化に伴う諸問題―マンローコレクションを対象に」
（『国立歴史民俗博物館研究報告』168、2011年）
「歴博における映像資料の収集・製作・活用について―現状と課題、そして展望」
（『国立歴史民俗博物館研究報告』183、2014年）

川村　清志（かわむら・きよし）
国立歴史民俗博物館准教授・総合研究大学院大学准教授
『クリスチャン女性の生活史―「琴」が歩んだ日本の近・現代』（青弓社、2011年）
「近代に生まれた「民謡の里」―富山県五箇山地方」
（『地域開発と文化資源』岩田書院、2013年）
「アニメ聖地巡礼者たちの被災地支援―宮城県七ヶ浜町花渕浜の事例から」
（兼城糸絵との共著）（『無形民俗文化財が被災するということ』新泉社、2014年）

柴崎　茂光（しばさき・しげみつ）
国立歴史民俗博物館准教授・総合研究大学院大学准教授
「保護地域内における文化的資源の保全のあり方を考える」（『国立公園』718、2013年）
「保護地域の登録・指定が地域社会に及ぼす影響」
（『村落社会研究ジャーナル』41、2014年）
「屋久島におけるエコツーリズム業の経済分析」
（『国立歴史民俗博物館研究報告』193、2015年）

山田　慎也（やまだ・しんや）
国立歴史民俗博物館准教授・総合研究大学院大学准教授
『現代日本の死と葬儀―葬祭業の展開と死生観の変容』（東京大学出版会、2007年）
『変容する死の文化―現代東アジアの葬送と墓制』（共編著、東京大学出版会、2014年）
「結婚式場の成立と永島婚礼会」（『国立歴史民俗博物館研究報告』183、2014年）

青木　隆浩（あおき・たかひろ）
国立歴史民俗博物館准教授・総合研究大学院大学准教授
『近代酒造業の地域的展開』（吉川弘文館、2003年）
『地域開発と文化資源』（編、岩田書院、2013年）
「庄川流域における大規模開発と観光化による地域変化―研究史と開発史との関わりを中心に」（『国立歴史民俗博物館研究報告』193、2015年）

神野　由紀（じんの・ゆき）
関東学院大学人間環境学部教授
『趣味の誕生』（勁草書房、1994年）
『子どもをめぐるデザインと近代』（世界思想社、2011年）
「表象としての少女文化」（『デザイン学研究特集号』16-4、2012年）

【編者紹介】

重信 幸彦（しげのぶ・ゆきひこ）1959年生まれ

国立歴史民俗博物館客員教授
『タクシー／モダン東京民俗誌』(日本エディタースクール出版部、1999年)
『〈お話〉と家庭の近代』(久山社、2003年)
「「声」のマテリアル―方法としての「世間話」・柳田國男から現代へ」
(『日本民俗学』270、2012年)

小池 淳一（こいけ・じゅんいち）1963年生まれ

国立歴史民俗博物館教授・総合研究大学院大学教授
『伝承歳時記』(飯塚書店、2006年)
『民俗学的想像力』(編、せりか書房、2009年)
『陰陽道の歴史民俗学的研究』(角川学芸出版、2011年)

【歴博フォーラム 民俗展示の新構築】
民俗表象《みんぞくひょうしょう》の現在―博物館型研究統合の視座から―

2015年(平成27年) 3月31日 第1刷 発行　　**定価[本体2600円＋税]**
編 者 国立歴史民俗博物館 ＋ 重信 幸彦・小池 淳一

発行所 有限会社 岩田書院 代表：岩田 博　　http://www.iwata-shoin.co.jp
〒157-0062 東京都世田谷区南烏山4-25-6-103 電話03-3326-3757 FAX03-3326-6788
組版：伊藤庸一　　印刷・製本：藤原印刷

ISBN978-4-87294-909-4 C3339 ¥2600E　　Printed in Japan